二極化する学校

公立校の「格差」に向き合う

志水宏吉

AKISHOBO

まえがき

公教育が崩れはじめている。この本を書こうと思った動機は、その危機感にある。「二極化する学校」というタイトルは、その事態を象徴的に表したものである。

「公教育」と聞くと、一般には地元にある公立の小・中学校、あるいは高校を思い浮かべるだろう。塾や習い事には「私教育」という言葉があり、公教育には含めないが、日本の場合、私立学校は公教育の重要なパートを占める。都市部を中心にこれまでも公立学校と私立学校の「二極化」が論じられてきたが、今日では公立部門のなかでも「よい学校」と「そうでない学校」のギャップが広がっている。かつては「金太郎飴」と揶揄されることすらあった、日本の公教育の均質性（＝おしなべて高い水準の教育を提供していること）が、ここに来てなし崩し的に変質しはじめているとしたら、それはゆゆしき事態といわねばならない。

本書のタイトルおよび内容構成について述べておこう。

まずタイトルであるが、本書に一貫するテーマである「二極化する学校」という言葉を選んだ。サブタイトルについては、「公教育の解体」「公教育の危機」、あるいはよりポジティブに「公教育の未来」といった文言が浮かんできたが、編集部の意見を取り入れ、「公立校の『格差』に向き合う」とした。

本書は、3つのパートからなっている。

Ⅰ部の2つの章は序論的な部分である。1章では「ペアレントクラシー」、2章では「新自由主義」という本書の底流をなす2つのキーワードについての考察を試みた。

Ⅱ部の6つの章が本書の中心をなす部分である。「お受験」(3章)、「学校選択制」(4章)、「小中学生の学力格差」(5章)、「高校学区制」(6章)、「高校教育の卓越性と公正」(7章)、「学校の多様化と複線化」(8章)という6つのトピックを設定し、最新のデータにもとづく検討を試みた。

Ⅲ部の2つの章では全体のまとめを試みた。9章では、公正原理にもとづく教育実践、具体的には子どもたちの学力格差を縮小する国内外の取り組みにフォーカスを当て、その可能性を論じた。最後の10章では、筆者なりの未来における公教育像を「アミタリアン」という新しいキーワードを軸に論じた。

内容的にいうなら、Ⅱ部の6つの章が、自分自身にとっては「新境地」ともいえる部分である。学力格差を扱った5章を除くと、あまり深く考えたことのなかったいくつかのトピックに関して、関連の文献・データを当たり、関係者への聞き取り調査を行った。ただ、いずれの章も切り込みの度合いはそれほど深くないと自己評価している。探索的な試みだとご了解いただければ幸いである。

目次

Ⅱ部

I 部

1章　メリトクラシーからペアレントクラシーへ

1　大きな歴史の流れの中で

戦前を超えた長い戦後

いうまでもなく、日本の近代の出発点となるのは明治維新である。大政奉還がなされたのち、明治政府が成立した1868年をそのスタートとみなすなら、そこから今日までおよそ150年の歳月が流れたことになる。

そのちょうど真ん中あたりに、近代の世界史のもっとも大きな出来事であった第二次世界

（図1-1）歴史の流れ

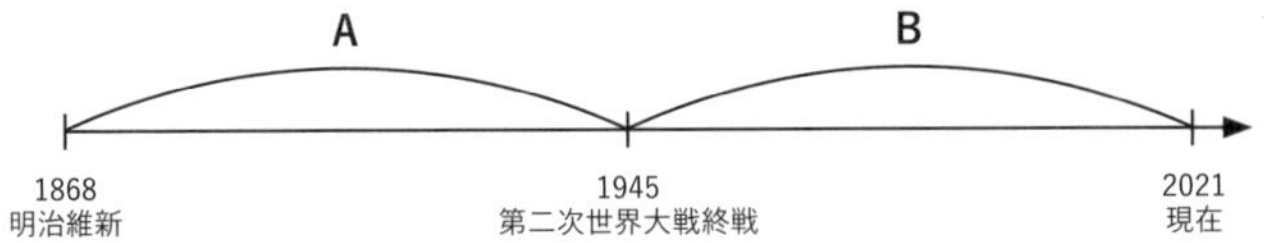

大戦（１９３９～１９４５年）が位置する。わかりやすくいうなら、明治維新から第二次世界大戦までの期間（約75年）とほぼ同じだけの時間が、大戦後すでに経過したことになる。図に示すと、上の通りである。

60歳を過ぎた筆者らの世代でも、「第二次世界大戦」に関してリアルな実体験があるわけではない。「明治維新」とともに、それは、歴史上の出来事にすぎない。しかしながら、自分自身が生きてきた図中のＢの期間の長さがＡの期間と同等になり、今後はそちらの方がどんどん長くなっていくという事態は感慨深い。もはや、「大戦後から今日まで」の時間の方が、「明治維新から大戦前にかけて」の時間よりも長くなりつつあるのだ。

教育の面でいうと、図１－１のＡの期間（明治維新→第二次世界大戦終戦）をつかさどったのが１８７２年に発布された「学制」である。四民平等の精神に則り、「必ず邑《むら》に不学の戸なく、家に不学の人なからしめんことを期す」とうたったこの旧学制のもとで日本の教育は展開していった。学校教育の拡大をバネにして、明治・大正・昭和と日本は急速な近代化を遂げたものの、それは、第二次世界大戦における敗戦という帰結をもたらすにいたった。

大戦後、GHQ（連合国最高司令官総司令部）の指導のもとで、1947年にスタートしたのが「新学制」である。これは、小学校・中学校・高等学校・大学を軸とする単線型学校体系を打ち立てたものであった。日本はこの教育制度のもとですこぶる順調な高度経済成長を遂げ、1970年代には早くも先進国に仲間入りし、今日に至るまで世界を先導する大国としての役割を果たし続けている。

メリトクラシーという共通点

教育勅語を柱とする旧学制から、民主主義を標榜する新学制へ。日本の教育の中身は、2つの時期できわめて対照的な特徴を有しているということができる。しかしながら他方で、両者は、同じ目標に向けて組み立てられたものであったと指摘することも可能である。その目標を、筆者の専門領域である教育社会学の用語でいうなら、「メリトクラシーの推進」ということになる。

明治の日本の中心的な国是は「富国強兵」であった。また、戦後の日本の至上命題は「経済成長」であった。いずれもそのカギとなるのは「人づくり」である。いかに国家にとって有用な人材をつくり上げるか、その目標に向けて学校制度の総力が結集され、国民の総動員が図られた。その背景にある人材選抜の考え方、そしてそれにもとづく国家統治のあり方がメリトクラシーと呼ばれるものである。この150年の間、日本という国、もっというならば世界じゅうのほとんどの国を動かしてきたのが、このメリトクラシーの原理である。

のちにより詳しく述べるが、メリトクラシーは「業績主義」と訳されることが多い。この言葉の生みの親であるM・ヤングは、メリトクラシーの社会を、次のようなよく知られた公式で表現している（ヤング 1982）。

> 業績（Merit）＝能力（IQ）＋努力（Efforts）

すなわち、諸個人が有する能力と彼らが蓄積する努力が組み合わされた結果としての「個人のメリット（業績）」に応じて、彼・彼女の人生が切り拓かれていく社会がメリトクラシーの社会なのである。

このような、個人の能力と努力が重視される近代社会の前に存在したのが、「アリストクラシー（貴族主義）」の社会である。一般的にいうなら、「身分社会」と表現することができる。そこにおいては、王を中心とする貴族たちが社会の支配層を構成した。そして、諸個人の人生は、各自の生まれ（身分や家柄）によっておおかた定められていた。その「運命（定め）」に抗うことには、大きなリスクや社会的コストがつきまとったはずである。

18世紀末から20世紀にかけて、世界のほとんどの国で、それぞれの歴史的文脈にもとづいた市民革命が生起し、アリストクラシーの社会がメリトクラシーの社会へと転換を遂げることになった。すでに述べたように、日本の場合は、明治維新がその転換点となる。

ペアレントクラシーへの移行

さて、図1－1のBの時期の長さがAの時期のそれに並んだ今日、新しい事態が日本社会を覆いはじめている。端的にいうなら、150年続いたメリトクラシーの世の中が大きく変質しはじめているように見受けられるのである。イギリスのP・ブラウンの用語を用いるなら、その変化は、メリトクラシーからペアレントクラシーへの変化と表現することができる。本書で展開する議論の底流をなすのが、この社会変化である。ブラウンによれば、ペアレントクラシーは次のように定式化できる（ブラウン 2005）。

選択（Choice）＝富（Wealth）＋願望（Desire）

21世紀を迎えた今日の先進諸国では、人々の人生は選択に基礎づけられたものとなっている。その選択に決定的な役割を有するのが、親（家庭）が所有している種々の「富」と、子どもの教育・人生に寄せる「願望」だというのである。詳細は本章後半で論じることにするが、このペアレントクラシーが公教育の解体を導きつつあるという認識が、本書を執筆するに至った直接の背景にある。

ペアレントクラシーは、メリトクラシーとは相いれないものではない。かつてM・ヤングが警鐘を鳴らしたように、メリトクラシーの原理をつきつめるなら、その究極の形としてペアレントクラシーが立ち上がると考えた方が真実に近いように思われる。いずれにしても、現代の日本では急速にペアレントクラシー化が進んでおり、それが日本の公教育を望ましくない方向に導こうとしているというのが、筆者の見立てである。

筆者は、大学院進学以来、30年以上にわたって教育社会学に取り組んできた。そして、この20年間ほどは、学力問題を切り口に学校教育の役割について探究を続けてきた。その筆者がここ数年強く感じるようになってきているのが、「学校が二極化している」という趨勢である。本書の主題となるのが、この「学校の二極化」というテーマである。

2　学校の二極化とは何か？

家庭環境の格差＝基礎学力の格差

「二極化」とは、「ひとまとまりのものが2つの勢力に分離すること」、「ある集団や集合、または何かしらの集まったものが、だんだんと2つの両極端なグループに分かれていくこと」などと説明される。「消費の二極化」「富裕層と困窮層の二極化」「労働市場の二極化」「地域間での二極化」「支持政党の二極化」「価値観の二極化」「勝ち組と負け組の二極化」などと、用例はすこぶる多様である。

ちなみに「二極化」という語に相当する英語は、polarization である。その言葉の頭にくるPole とは「極」を意味する（「南極」は the south pole、「電池の＋《プラス》極」は a positive pole)。そして polarization とは、「2つの極にものが分かれていくさま」を表す言葉だということができる。

筆者がかかわっている教育の領域でも、近年「学力の二極化」「学習意欲の二極化」「教育戦略の二極化」などという言葉が頻繁に使われるようになってきている。その背景にあるのは、日本の格差社会化の進行・貧富の格差の拡大といった社会の趨勢である。筆者らの研究グループは、21世紀の初頭に小・中学生の学力の「2《ふた》こぶラクダ化」を指摘したが（苅谷他 2002）、そこで見出されたのは、子どもたちの家庭環境の格差（＝二極化）が彼らの基礎学力の格差（＝「できる層」と「できない層」への分化）につながる傾向が強まっている、という事実であった。

「学校」の二極化

そして今、筆者の目には、世の中に存在する学校自体が二極化してきているように映る。「よい学校」と「わるい学校」、「高い質を備えた学校」と「質の低い学校」とに。

ちなみに、本書でいう「学校」とは、「小学校から高校段階までの学校」を意味し、「大学」は含まない。それはひとつには、大学が、「学校」とは別個の起源と役割をもつ制度として発展してきたという歴史的経緯があるからであり、今ひとつには、大学の二極化もさることながら、小・中・高校の二極化こそがより深刻な帰結を日本社会にもたらす危険性を有している、という現状認識を筆者が有しているからである。

ところで、これまでの教育格差をめぐる議論は、一人ひとりの子どもやそれぞれの家庭を考察の単位として行われることが多かった。すなわち、貧しい家庭の子どもの学力は低いものにとどまりやすいとか、子どもたちの学力と学習意欲との間には強い相関関係があるとか。そして、そこから導き出される政策提言も、個々の家庭や子どもをターゲットとしたものに傾きがちであった。すなわち、低所得層の子どもには土曜日に補習を受ける権利を与えようとか、子どもたちの学習意欲を喚起する授業上の工夫が学力向上に不可欠であるとか。

もちろんそれは間違いではない。そうした措置がある方が、ないよりもよい。しかしながら本書で問題にしたいのは、別のレベルの話である。すなわち、繰り返しになるが、学校自体が二極化しているというのが、本書の問題提起である。

これまでの教育格差論が議論の俎上にあげてきたのは、主として右に述べたような「教育を受ける側」（子どもや家庭）の問題であった。しかしながら、筆者が本書で検討したいのは「教育を提供する側」（学校・教育行政）の問題である。もちろん、両者は無関係ではない。次章以降みていくように、両者は相互に、密接な関係を有している。しかしながら、今世紀に入って深刻化してきた後者の問題は、まだ十分な検討がなされていないというのが筆者の見立てである。本書において、その問題に多面的に切り込んでいきたい。

学校二極化の要因＝「私事化」

さて、「学校の二極化」という今日的現象に深くかかわっている要因として、以下の２つを指摘することができる。ひとつは、高度経済成長期以降の社会の私事化（＝プライバタイゼイション）の進行、今ひとつは、20世紀末からの新自由主義的教育政策の進展である。

私事化とは、宗教社会学者のT・ルックマンがつくり出した言葉であり、一般的にいうなら「公的世界より私的世界が重視されること」を意味する（ルックマン　１９７６）。やや古い言葉になるが、１９７０年代に「マイホーム主義」とか「私生活優先主義」といった言葉がはやった時期があった。社会の私事化は、生活意識の個人化をもたらす。今風にいうなら、会社のために身を粉にする生き方から、仕事以外の時間の充実をめざす生き方への転換が、社会の私事化の典型的な表れとみることができる。

たとえば、職場の飲み会には基本的に付き合うというのが筆者や上の世代の常識であったが、現代の若手にはもはやその論理は通じにくい。同様に、かつては近所の公立学校に進学するのが通常の選択肢であったのが、今日では「教育を選ぶ」行動がより一般化してきている。

学校二極化の要因＝新自由主義的教育政策

そうした私事化傾向に拍車をかけているのが、第2の要因としての新自由主義的教育政策の広がりである。その詳細は2章で検討されることになるので、ここでは最低限の事柄のみを述べておきたい。

新自由主義的教育政策とは、市場原理（より具体的にいうなら、選択の自由、あるいは競争原理や成果主義）を教育の場にもち込もうという明確な意図を備えた一連の政策のことを指す。その源流は、1980年代イギリスのサッチャー政権、アメリカのレーガン政権にさかのぼることができる。日本では、同時期に中曽根首相のイニシアチブで設置された臨時教育審議会でその適否が活発に議論されたが、実際にそれがナショナルレベルの政策に積極的に取り入れられるようになったのは、英米からやや遅れた1990年代半ば以降のことであった。

いずれにしても、新自由主義的政策の進展を「プッシュ要因」、その背景にある人々の生活・教育意識の私事化の進行を「プル要因」として、かつてはひとまとまりのものとして存在していた日本の小学校・中学校・高校が、それぞれに二極化するような趨勢が今日観察されるようになってきているのである。

学区の二極化に2つのレベル

学校の二極化というとき、2つのレベルを考えるのが適当であろう。第1は、「公立学校と私立学校の間での二極化」のレベル、第2は、「公立部門内での二極化」、より具体的には「公立学校の種別化や棲み分け化」にかかわるレベルである。前者は「公私間格差」、後者は「公立内格差」の問題と言い換えることもできる。

第1の二極化（＝公私間格差）について。明治以来の日本の教育において、私学が独自で重要な役割を果たしてきたことは、つとに指摘されている通りである（天野 1992、市川 2006）。すなわち、日本における私学のプレゼンスは、諸外国に比しても大きなものがあったと言いうる。そして今日、その私学のプレゼンスは、学校教育の領域において、さらなる高まりをみせている。端的にいうなら、より質の高い教育を求めて、以前より多くの人々が私学の利用を選択するようになっているのである。

第2の二極化（＝公立内格差）については、戦後日本の教育政策の転換、すなわちすでに述べた1990年代以降の新自由主義的教育政策の採用が大きな影響を与えていると言いうる（志水・高田 2016）。かつての日本の学校制度は、その単線的な構造を大きな特徴としていた。その画一性や硬直性が問題視されてきた経緯はあるものの、日本の学校制度のシンプルな構造は、国民全体に一定の共通体験や均質的な学習内容を付与するうえで重要な役割を果たしてきた。そうした構造が今日大きな揺らぎをみせている。その直接的な引き金となっているのが、「選択」や「競争」をキーワードとする新自由主義的な教育政策の採用である。

本節での議論をまとめると次のようになる。すなわち、高度経済成長期以降の社会の私事化の進行を背景とし、1990年代半ば以降の自民党政権下を中心に採用されてきた新自由主義的教育政策の展開が、公私間格差と公立内格差の両者を内に含む「学校の二極化」の拡大という今日的現象を生起させた。それはおのずと、公教育の形と中身の変質につながっている。

前節での議論と組み合わせると、今日生じつつある事態は次のように表現できよう。つまり明治以降、メリトクラシーの要として機能してきた日本の公教育は、近年のペアレントクラシーの高まりのなかで自己変容を余儀なくされているのである。

この点に関して、個人の側からみた公教育（3節）、社会の側からみた公教育（4節）という2つの側面に分けてさらに考察をすすめていきたい。

3　学校教育は公共財か、私的財か

私教育も公教育に含まれる

本書の問題関心は、教育行政学者市川のものと多くの共通性を有している。市川氏は、今から15年ほど前に出された著書『教育の私事化と公教育の解体』のはしがきのなかで、次のように述べている。

「教育の私事化」とは本来個人の思想や心情の自由を保障するために存在する私教育が、個人や企業の利益追求のための教育に代わることを意味する。また、「公教育の解体」とはもっぱら個人やその家族のためにのみ存在するようになった結果、国民や住民の共同育成を目指してきた公教育のシステムが融解しつつあることをさす。（市川 2006、i頁）

本書の立場からすると、「教育の私事化」と「公教育の解体」を媒介するものが「新自由主義的教育政策」である。市川の認識も同様であり、1980年代半ばの臨時教育審議会が、上述の深刻な事態をもたらす直接のきっかけとなったと指摘する。
公教育と私教育を区別して論じる市川は、公教育にもさまざまな捉え方があるとしたうえで、次のように述べる。

公教育は端的に言えば公事としての教育のことであり、狭義には公設、公営、公費の教育を指す。具体的には国または地方公共団体が設立・維持・管理する教育、特に国公立学校等の教育をいう。（中略）広義には直接公的規制の対象となる教育で、公の性質を持つとされる教育、とくに国公私立学校の教育をいう。（中略）最広義には直接・間接に公権力の作用が及ぶ教育をさす。（中略）専修各種学校の教育および社会教育までを含むとされる。（前掲書、7頁）

これまでの本書の記述からも明らかであるが、日本では公教育のなかに私学での教育も含まれるし、さらには社会教育（今日では生涯教育と称されることが多い）もそのなかに含められる。すなわち、日本の公教育は、「最広義」の意味で使われている。それに対して、たとえばイギリスなどでは、私立学校は independent schools と呼ばれ、公立学校に対する規制の外に置かれるため、「公教育＝公立学校の教育」と捉えられることが一般的である。日

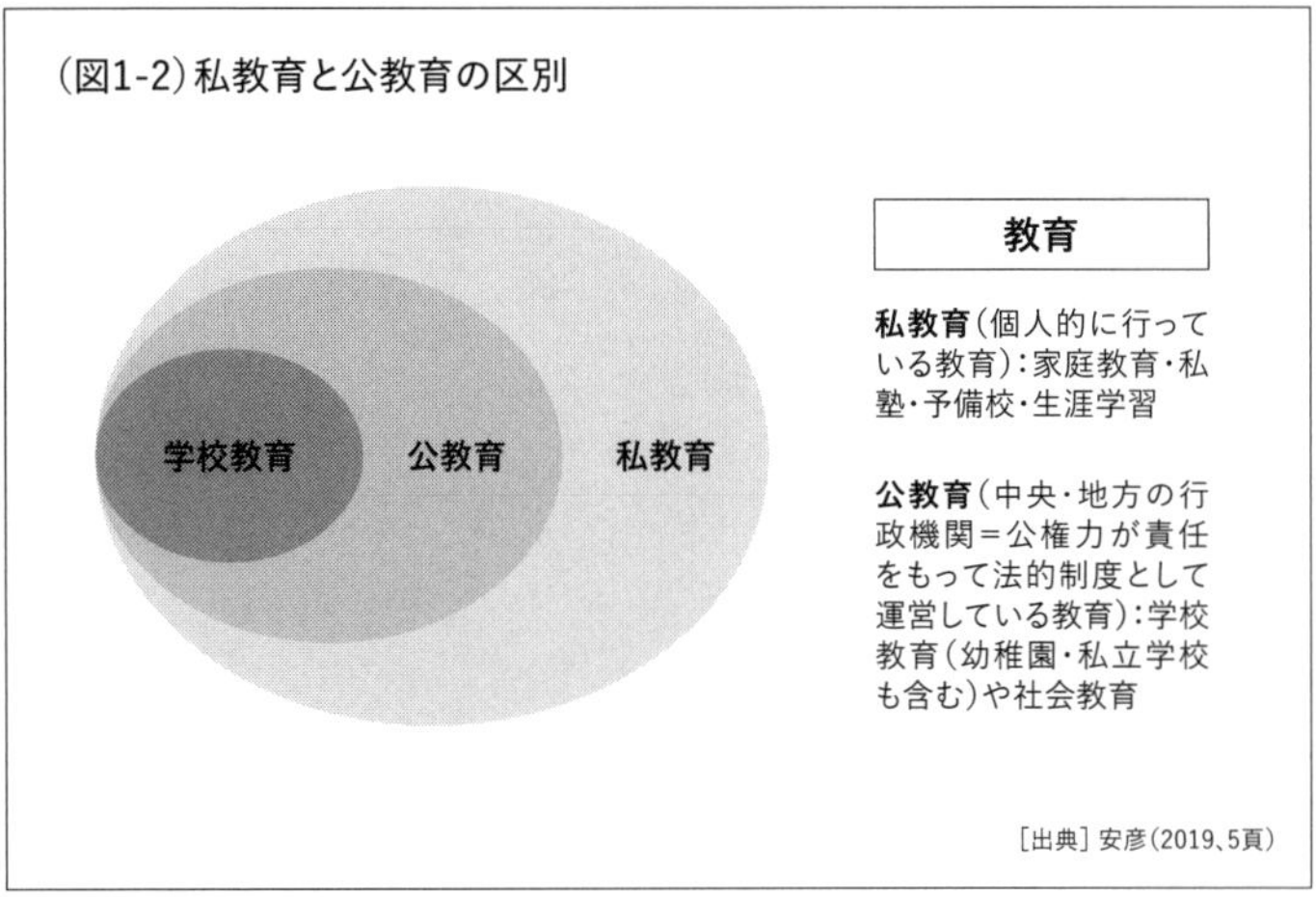

(図1-2)私教育と公教育の区別

私教育(個人的に行っている教育):家庭教育・私塾・予備校・生涯学習
公教育(中央・地方の行政機関=公権力が責任をもって法的制度として運営している教育):学校教育(幼稚園・私立学校も含む)や社会教育

[出典] 安彦(2019、5頁)

本の学校はすべて学習指導要領に従わないといけないが、イギリスの私学はナショナル・カリキュラムに従う必要がなく、原理的には何でも教えることができる。いずれにしてもここでは、「日本では、私学も公教育の重要な構成部分となってきた」という歴史的事実を押さえておきたい。

教育学者の安彦は、上のようなわかりやすい図式を提出している(安彦 2019)。図1−2の「学校教育」とは、公立学校と私立学校のそれを併せたものである。

「私」立なのに「公」教育の一部をなすと聞いて、ひょっとすると一般の読者の方々はいぶかしく思われるかもしれない。しかしそれが、日本の教育界の常識である。日本における私学の位置づけはこのように折衷的なものであり、公立学校とのバランスは微妙なものとならざるをえない。

公教育とは？

「公教育」は、制度的にみると前述のようなことになるが、内容的・質的にいうなら、どのような性質を備えたものと位置づけることができるだろうか。政治学者の齋藤純一は、よく知られたテキストのなかで、「公共性」というものを、次のように3つの意味合いをもつ概念として定義づけている（齋藤 2000）。第1に、「公的な」（official）もの、第2に、すべての人々に「共通の」（common）もの、第3に、だれに対しても「開かれている」（open）もの。この定義はわかりやすく、有益である。

「公教育」とは、「公共性を備えた教育システム」のことである。それは、確かに国家や地方自治体が管理主体となり（official）、国民に共通の経験を用意し（common）、すべての人々に開かれている（open）。逆にいうなら、オフィシャルなものではなく（＝正式の認可を受けていない）、コモンでもなく（＝一部の人の利害にのみ奉仕する）、オープンでもない（＝一部の人にのみ門戸が開かれている）ものは「公教育」ではなく、「私教育」というカテゴリーに分けられるものとなる。

しつこいかもしれないが、「私学」と「私教育」という概念には明確な違いがあることに留意されたい。「私学」は「公教育」の一部である。「私教育」は「公教育」の外にある。しかしながら、公教育の一部を構成している私立学校の月謝があまりに高くて庶民にはまったく手が出ない（＝オープンではない）ことはありうる。また塾や予備校は私教育の最たるものであるが、そこでの教え方や教材が公立学校に積極的に取り入れられるという状況も広がりつつある。要するに、両者の境目は絶対的なものではなく、グレーゾーンというか、ファジーな領域がそこには確かに存在しているのである。

教育は公共財か？

ここで本節の主要な問いについて考えてみたい。すなわち、「公教育は公共財か、私的財か」という問いである。公共財・私的財という２つの言葉は、経済学の用語である。私的財については説明する必要もないだろう。家や車や衣服など個人が所有するものが私的財である。それに対して、公共財は次のように説明される。

政府（中央政府、地方自治体など）が供給することが社会的に望ましいと考えられる財・

サービス、たとえば軍隊や警察、あるいは道路や堤防などをさす。公共財の性質としては、対価を支払わない人の使用を排除できないこと（非排除性）と、ひとたび財が供給されると同一数量をすべての人が同時に消費できるということ（等量消費性、あるいは非競争性）が挙げられる。（インターネット版マイペディアより）

この定義に当てはめてみると、教育、少なくとも義務教育（小中学校の教育）は、純然たる公共財としての性質を有しているとみることができる。ただし、いくつかの文献を調べてみたものの、いずれにおいても公共財としての代表例に挙げられるのは警察や軍隊で、教育が挙げられることはなかった。それには、先にみた事情（＝私学や私教育の存在）がかかわっているようにも思われる。

いずれにしても、公教育は公共財としての色彩を色濃くもつということ、言い換えるなら、それは「公共の福祉」に資する目的で成立しているということ、に疑いの余地はない。

しかしながら、日本社会の格差化やそれと軌を一にするペアレントクラシーの高まりのもとで、教育の、公共財としての側面が損なわれつつあることもまた確かである。公共財の公共財たるゆえんは、それがすべての人のために役立つという性質を備えているからである。回りまわって何らかのメリットが自分や周囲の人々に還ってくるという見通しがあるからこそ、人は高い税金を払うのである。

教育をめぐる4タイプの人

だが、教育の現状をみてみると、それが「すべての人のために役立っているか」というと、残念ながら答えは「否」である。筆者の目には、大ざっぱにいって、社会のなかには４つのタイプの人たちがいるように見受けられる。

①教育を操る人
②教育を選ぶ人
③教育を受ける人
④教育を受けられない人

①の「教育を操る人」という表現は、ことによると穏当さを欠くものかもしれないが、ここで指摘したいのは、自ら（の家族）の最大限のメリットのために、国内外の教育システムをきわめて戦略的に活用する一群の人びとが存在するということである。高学歴・高収入の

グローバル・エリート層を思い浮かべていただければよいだろう。彼らは、子どもたちの将来を見越して、学校外教育（私教育）に多額の投資を行うのみならず、海外のエリート教育機関なども子どもたちの進路と見定めて計画的な子育てに励む。ときには、自らの地位やネットワークを使って、種々の教育機関の中身にまで影響力を及ぼすことがあるかもしれない。

次に②の「教育を選ぶ人」である。質的には、①の次の層ということになるが、量的には①のグループよりもはるかに多数におよぶと思われる。彼らは日本の大都市圏あるいは地方の主要な都市部に主に居住し、子どもにとって最適な教育（公教育・私教育を含む）を選び取ろうとする。私学受験に熱心であり、国立や公立の「エリート」校（小中一貫校や中高一貫校など）に注目するのも彼らである。

続いて③の「教育を受ける人」は、数的にはマジョリティーを構成しているとみることができる。小中学校は地元の学校を「ふつう」に選択し、主として中学校や高校の教師のアドバイスに従って、受験校を決める人々である。彼らにとって、新自由主義が提示する教育像や新たな選択肢はあまり関心の対象とはならない。4章で考察する、全国各地で2000年代以降に推しすすめられた公立小・中学校に対する学校選択制がそれほど広がらなかったのは、この③の層が今日でも多数派を占めていることの明確な証左であるように思われる。

最後の④の層、「教育を受けられない人」たち。これも表現としては強すぎるかもしれない。

公立小・中学校の門戸は、公式的には外国人を含むすべての人に開かれているのだから。しかしながら現実には、日本の義務教育のメリットを十分に享受できない人たちが一定程度存在することも事実である。さまざまな理由・事情で途中から学校に行けなくなった人々や最低限の学歴をもてないでいる人々。筆者は、現代の日本社会を生き抜いていくためには高卒の学歴が不可欠であると考えているが、それを所有していない人の数は思いのほか多い。

①や②の人たちは、いわば私教育の延長として、公教育システムをうまく利用している人々である。皮肉っぽくいうなら、近隣の道路を最大限に活用して、自らの商売のみを拡大させている商店のようなものである。そこで得た利潤を「社会のため」に多少なりとも還元すればよいのだが、「自分のため」だけに使うとしたら、いかがなものだろうか。公共財である公教育から得たものを純粋に私的財としてのみ活用しているなら、やはり問題であろう。個々人の利益追求を、公的資金をつぎ込んで運営している公教育が援助しているにすぎないということになるのだから。

他方、④の人たちは、公教育から取りこぼされている人たちである。かつて「落ちこぼれ」という言葉がよく使われているころ、「落ちこぼれ」ではなく「落ちこぼし」ではないかという異議申し立ての声があがった。それになぞらえていうなら、公教育はいまだに一群の人びとを「取りこぼし」ていることになる。つまり、すべての人を包摂（include）できず、実質的に排除している（exclude）現状があるのだ。

教育から「脱出する人たち」

公共財としての公教育が、あるグループの人たちにとっては幸福追求のための最高の手段となり、他のグループの人たちには自尊心を傷つけられ、社会参加を拒む障壁となっているという現実。社会学的にいうなら、ある面それは致し方ないという側面もないではない。それにしても、現在の状況は限度を超えているのではないか。ひどすぎるのではないか。筆者は率直にそう思う。

アメリカの教育哲学者Ｄ・ラバリーは、すでに今から20年ほど前に、アメリカ社会における①や②の人びとの行動を「脱出」（exit）という言葉で表現している（ラバリー２０００）。しかしながら、氏の主張の核心は「脱出不能」という言葉に集約される。

自分の子どもは私立学校や都市郊外の公立学校に通わせるという選択した者をも含め、市民にとって公立学校に忠誠を尽くすことは合理的な反応である。公教育から逃げ出すことはできるが、身を隠して公教育の影響から逃れることはできないからである。公教育という著しく公共の性質を帯びた財からの脱出が不可能である以上、ただ一つの合理的な選択肢は学校を改善するため口も出し、資金も出すことである。（ラバリー　2000、135－136頁）

右の引用文中にある「公教育」は、日本的な広義の公教育ではなく、私学を含まない狭義の意味で用いられていることに注意されたい。いずれにしても、氏の指摘する通りである。公教育に対してどのようなスタンスを採ろうとも、社会のなかで生きていくためには「公教育の影響から逃れる」ことはできないのだ。

4　公正と卓越性――関係性の変容

公正と卓越性

前節でみたのは、諸個人にとっての私的財としての側面が強まってきたために、公教育の中核たる公共財としての側面が揺らぎつつあるという現状であった。それに対して本節では、その事態を、教育システム全体からみるとどのように評価しうるか、という問題について考えてみたいと思う。

その際の中心的なキーワードとなるのが、「公正」(equity)と「卓越性」(excellence)という2つの概念である。これらは、教育システムの役割・機能を表現するために生み出された教育社会学の最重要単語である。さまざまな文脈で用いられるこの2つの言葉であるが、厳密な定義といったものがあるというわけではなく、かなり多義的に用いられている。

そこでまず、筆者なりの定義づけを行っておきたい。以下の引用は、全国学力・学習状況調査が教育現場にもたらしたものをテーマに書いた著作(志水・高田 2012)からのものである。

「公正」(equity)とは、「すべての子どもに十分な教育機会を提供し、適切な教育保障を達成できているか」という、教育の「平等」(equality)に関わる概念であり、「卓越性」(excellence)とは、「すべての子どものポテンシャルを最大限に伸ばすことができているか」という、教育の「質」(quality)に関わる概念である。

右の定義から明らかなように、「公正」には「教育機会をそろえる」という「入口」の側面と「教育達成を保障する」という「出口」の側面の両方を考えることができる。また「卓越性」には「すべての子を伸ばす」という「水準向上」の側面と「トップ層を特に伸

ばす」という「エリート養成」の側面がある。（同前書、26頁）

前述したように、「公正」は教育の平等、「卓越性」は教育の質に主としてかかわる概念である。「だれもが大切にされる教育」が前者の、「それぞれの能力を伸ばす教育」が後者の目標である。

本来両者は、相互に矛盾するものではない。たとえば家庭での子育てを考えたとき、複数いる子どもたちをきわめて平等かつ大切に扱い、それぞれの個性・資質を最大限に伸ばすことは十分に可能である。また、学校教育の局面においても、筆者らのグループが明らかにしてきたように、学力面と人間形成面でともにすぐれた成果を生み出している「効果のある学校」は、いくつも現実に存在している（たとえば志水２００９ａなど）。

外国人研究者の評価

公教育という大きな枠組みで考えた場合でも、公正と卓越性は当然両面作戦でクリアしていかなければならない課題ではある。たとえば日本の戦前期には、中等教育に進学する者の比率は2割程度、大学に進学する者のそれはほんの数%にすぎなかった。そこで行われていたのは「エリート教育」と形容しうるものだっただろう。当時の教育は主として「卓越性」を念頭に置いていたといってよい。それに対して、戦後に成立した日本の新しい公教育制度は、「望めばだれでも高い教育を受けることができる」ことを目的とした斬新なものであった。そこで重視されたのは、戦前期にはないがしろにされていた公正の原理である。

いずれにしても、戦後のある時期までの日本の教育は、多くの外国人研究者が賞賛するように（ドーア 1978）、公正と卓越性の双方をかなりの高水準で両立させるものであった。それがどの程度意図されたものとして達成されたか、については評価が分かれるだろうが。たとえば、アメリカの政治学者W・カミングスは、京都の小学校を対象とした現地調査にもとづいて、日本の初等教育の平等性と高いパフォーマンスを絶賛している（カミングス 1981）。また同じくアメリカの文化人類学者T・ローレンは、神戸の5つの高校を対象としたフィールドワークを素材にして、公正と卓越性の両立を可能にする、日本の高校教育の精妙な階層性についてすぐれた記述を行っている（ローレン 1988）。

しかしながら、それらの外国人による研究は、いずれも1980年代までになされたものであり、1990年代以降は残念ながらそのような目立った研究業績は生み出されてはいない。日本の公教育は、外国人がうらやむような目立ったパフォーマンスを、もはや実現できなくなったのである。それ自体は別にかまわない。ことさらに目立つ必要はないから。しかし、公正と卓越性の両立という重要なシステム課題が機能不全に陥っているとするならば、それは大問題である。

次章以降でくわしくみるように、1990年代半ば以降新自由主義的政策が積極的に採られるようになって以降、少なくとも高校段階までは、卓越性の部分を主に「私学」およびその背後にある「私教育」が担うようになってきている。先に引用したラバリーは、アメリカでは、「公立学校は、公共住宅プロジェクトと同様、恵まれない、そして(おそらくは)見込みのない人びとに、最低限の教育を提供するものに貶《おとし》められるようなった」(ラバリー2002、112頁)と指摘する。日本も、そうならない保証はどこにもない。

公教育のなかに、公立部門と私学部門がある。前者が公正を、後者が卓越性を担うというそのあり方は、図式としてはわかりやすい。しかし、その分業の進展と過度の可視化は、公教育の原理自体の変質に結びつかざるをえない。

小中学校では公正原理で

本章の冒頭に、大学は学校とは違うと書いた。「最高学府」という異名をもつ大学は、どんどん卓越性原理を押し出していけばよいと筆者も考える。もちろん公正原理をないがしろにすることはできないが、大学はそもそも卓越性こそが尊重されるべき場所である。しかし、学校は違う。とりわけ義務教育機関（日本の場合は、小学校と中学校）は、まずもって公正原理が基本に据えられなければならない。初等教育にも卓越性は必要だと思うが、それはあくまでも十分な公正が図られたのちのことである。

筆者には次のような思い出がある。

今から15年以上も前、東京の大学に勤務していたころ、私は小・中学校における「習熟度別指導」（端的にいうなら、算数・数学や英語の授業における「能力別学級編成」）の導入には否定的であった。それが卓越性原理に則ったものだと理解していたからである。しかしながら、今の大学に勤務するようになり、大阪の学校現場で習熟度別の授業を見学するようになって、筆者は考えを改めた。そこでは、子どもたち一人ひとりの力に応じた丹念な指導・学習が展開されていたからである。すなわち、それは公正原理に則った習熟度別授業だったのである。大事なのは「形」ではなく、あくまでも「中身」、そしてその背後にある「精神」だと思う。

小学校・中学校は公正原理を、大学は卓越性原理を軸に、そして高校（＝後期中等教育機関）では両者のほどよいバランスのもとに教育の内実が形づくられるべきである、と考える。卓越性重視の新自由主義の流れが、そうした望ましい構造を著しく侵食しているというのが、筆者の現状認識である。

そもそも行きすぎたペアレントクラシーは社会のあり方としてよくない。消費者である保護者の意向・選好を絶対的なものとし、「選択の自由」を錦の御旗としてふりかざすとき、公共性を基盤に生成されてきた公教育の実質が崩れはじめ、その未来はあやういものとなる。もちろん、多くの保護者がかつてのように、公立学校をファーストチョイスとするのであれば問題は少ないだろう。しかし現状では、そうなってはいない。近代社会において、自由の原則をないがしろにするわけにはいかないのだから、問題の根は深いといわざるをえない。

いずれにしても、公立学校の存在感を取り戻したい。公立学校を復権させたいというのが、筆者の率直な願いである。今日、日本には約2万の小学校、約1万の中学校、約5、000の高校が存在している。そのうち、小学生の約98%、中学生の92%、高校生の約70%が公立学校に通っている。依然として、日本の子どもたちの多くは公立学校のお世話になっているのである。そこが頑張らなくてどうする、そこを応援しないとどうなる、と強く思う。

2章　新自由主義的教育改革とは何なのか？

1　そもそも新自由主義とは

「私事化」は止められない

1章において、世の中がメリトクラシーの社会からペアレントクラシーの色彩が強いものに変容していく過程のなかで、日本の公教育の解体・侵食が生じつつあるという問題提起を行った。そして、それを生じさせている主な要因として、「社会の私事化の進行」と「新自由主義的教育改革の展開」という2つの要因を挙げた。両者は、2つの歯車のような関係にある。片方の動きがもう片方の動きを促進するような関係にあるということである。

しかしながら、前者の動きを止めることはきわめて難しい、というか、おそらくそれは不可能である。全社会的、かつ世界史的な動きだからだ。それに対して、後者の方は何とかなる、と考えることができる。それぞれの国や地域における、政権や政策当局が関与する部分だからである。今日多くの国が新自由主義をその基本的な政策スタンスとしているが、それとは異なる価値・理念・仕組みにもとづく政治を行っている国もまた存在している（広田２００９、３章）。政治が変われば、世の中も変わるはずである。

本章では、次章以降展開する具体的な問題点や改善の方向性の記述に入る前に、今日世界を席捲しつつある新自由主義的な教育改革とは一体どんなものであるかを読者の皆さんに理解していただくための、できるだけわかりやすい解説を試みたい。

「自由主義」の意味

さて、「新自由主義」というぐらいだから、その前にふつうの、新しくない「自由主義」があるはずである。

『世界大百科事典』（平凡社）の記述によると、「自由主義」（liberalism）とは、「集団による統制に対して個人の自発性を優先し、国家その他の社会諸制度は個人の自由を保障し個性を開花させるためにあるとみなす主張」(345頁)のことである。

そのルーツをたどれば、いわゆる社会契約説を唱えた17世紀のイギリスの政治学者ジョン・ロックに行き当たる。社会契約説とは、「人間が生まれながらに有する自由・平等の権利をよりよく保障するために、相互に契約を結んで作り上げるものが国家である」とする考え方である。ロックは、この国家のことを「コモンウェルス」(commonwealth)と表現した。この言葉は、英語をみればわかるように、もともと「共通善」とか「公共の福祉」を意味するものである。

自由主義の理論的主柱であるとされるロックやフランスのルソーが強調したのは、諸個人の権利(=人権)であり、その権利を行使する自由である。個人の自由が何ものにもまさると考えるのが、自由主義の基本的発想である。

筆者が若かったころ、この世界の国際秩序を特徴づけていたのが「東西対立」であった。アメリカを中心とする自由主義諸国とソ連を中心とする社会主義諸国との冷戦構造である。西側の(=自由主義を奉じる)国々は、共産主義・社会主義の国々のことを「全体主義的国家」と呼び、それらの国では個人の自由が圧殺されていると批判した。逆に東側の(=共産主義・社会主義を看板に掲げる)国々では、西側諸国は「資本主義」に毒されているとして、その個人主義的・消費主義的なあり方に異議を唱えた。

1989年、ベルリンの壁の崩壊により、その対立に終止符が打たれた。第二次世界大戦後40年あまりが経過した時点で東側諸国は自壊しはじめ、資本主義を標榜する西側諸国が「勝利」を収めたのであった。具体的にいうなら、東側の諸国において、国家・政府の統制に息苦しさを感じた人々が、自由を求めて運動を展開した結果、国家の体制そのものが変革を余儀なくされたのである。自由主義と共産主義・社会主義との「イデオロギー対立」は終焉し、今日の大部分の国々は、「資本の論理」があらゆる事柄に浸透していくグローバル社会への道をひた走るようになっている。

市場が「主」で政府が「従」

まさに、その東西対立の終わりと時を同じくするように出てきたのが、「新自由主義」の考え方である。それは第1に、加速度的に進行するグローバリゼーションの進行という時代背景のもとに生まれてきた新たな政治・経済思想だということができる。1章でもふれたように、それを主導したのが、1980年代のアメリカのレーガン大統領(1981〜1989)、そしてイギリスのサッチャー首相(1979〜1990)であった。

新自由主義においては、自己責任を基本とした小さな政府路線のもとで、福祉・公共サービスの合理化、公営事業の民営化、大幅な規制緩和、労働者保護政策の廃止、競争を志向する市場原理の導入などが図られる。経済学者・八代は、「本来の新自由主義の思想」として、以下の3点を挙げている（八代 2011、8〜9頁）。

(1) 市場競争を重視し、それを妨げるような企業の行動をいっさい禁止する。
(2) 所得コストで最大の効果を達成する、効率的所得配分政策を採る。
(3) 社会保険制度は、保険料が確実に徴収される公平な仕組みを構築する。

八代氏が強調するのは、新自由主義は単なる市場原理の導入だけではないという点である。それは第1の重要ポイントではあるが、同時に「足りない部分を政府が補う必要がある」（同前書、10頁）とし、政府の役割として、①公共財（社会資本、公共サービス）の供給、②環境の保全、③景気の安定（インフレ、失業防止）、④所得の再分配（社会保険・福祉）等を挙げている。市場原理を主、政府の役割を従としてバランスよく運営すれば事はうまくいく、というのが氏の主張の骨子である。

こうした新自由主義の考え方を教育に応用したものが、本章の主題である新自由主義的教育政策ということになる。その代表格といってもよいものが、1980年代後半から90年代にかけて推進された、イギリスのサッチャー政権下の教育政策である。次節では、その概要をみてみることにしよう。

2 新自由主義的教育改革の典型例――サッチャー教育改革について

国家による規制と緩和

サッチャー教育改革でイギリスの学校現場が揺れに揺れているころ、筆者は家族とともにイギリスで暮らしていた。今から四半世紀も前の1991年から93年にかけての時期である。正確にいうなら、その時点ですでにサッチャー氏は首相の座を降り、後継者であるJ・メージャー氏に政権を譲っていた。しかしながら、教育改革の設計図はサッチャー時代に成立した「1988年教育改革法」(以降、「改革法」と表記)であり、その「絵」に沿った改革が急ピッチですすめられていた。筆者の長男が通う地域の小学校、そして次男が通う幼稚園、さらには筆者自身の研究対象であった地元の公立中学校の様子をみるにつけ、「イギリスの現場は動いている！」という感慨を抱かないわけにはいかなかった。今とは異なり、当時の日本の教育界が「動かない」ことを特徴としていたから尚更である。私は、教育研究者としての、そして親としての驚きをこめた著作（『変わりゆくイギリスの学校』）をつくった（志水１９９４）。

当時、この改革法は、戦後のイギリス教育の骨格を定めた１９４４年法以来の大改革を強いるものと位置づけられていた。それは全体で１９６条からなる体系的なもので、次のような構成となっている。

１〜25条　ナショナルカリキュラムとナショナルテスト（A）
26〜32条　学校選択の自由（B）
33〜51条　財政と人事（C）
52〜１０４条　補助金維持学校（D）
１０５〜１３８条　高等・継続教育
１３９〜１５５条　地方立高等・継続教育機関の財政と人事
１５６〜１９６条　ロンドンの教育（E）

当時を思い出しながら、改革法の主要ポイント（A〜E）を現在の視点から改めて整理しておきたい。

第1のポイントは、Aのナショナルカリキュラム(以降、「NC」と表記)とナショナルテスト(以降、「NT」)である。

NCとは、日本でいうところの「学習指導要領」である。NTの方は、日本では2007年にスタートした「全国学力・学習状況調査」(以降、「全国学テ」)ということになるだろう。イギリスでは、1988年まで日本の学習指導要領に類するものが存在しなかった。簡単にいうなら、それ(30年ほど前)までは「何でも教えることができた」のである。中学校以上になると受験があるので、当然その制約を受ける部分はあっただろうが、特に小学校では教員の裁量の余地はきわめて大きかったようである。それがゆえに国民の学力水準が落ち、イギリスの国際競争力が低下した、とサッチャーは考えたのであった。教える内容をきちんと定めるという日本の常識が、初めてイギリスの学校でも採用されたことになる。

それにプラスして、同時にNTが実施されることになった。テストが実施されるだけでなく、さらにその結果が新聞紙上に公開されることになった。今日では、全国すべての地域の、一つひとつの学校の成績を、インターネット上で手にとるように知ることができる。

学校選択の自由

それと連動するのが、Bの学校選択の自由である。イギリスでは、1989年度から全国の公立小・中学校が一律に学校選択制の対象となった。つまり、保護者や子ども本人が、居住地にかかわりなく自由に行きたい学校を選択できるようになったのである。したがって、イギリスではもはや「校区」の概念はない。もちろん、各学校にはキャパシティーがあるので、希望者全員が志望校に受け入れられるわけではなく、定員オーバーの場合は、居住地からの距離や在校生にきょうだいがいるかどうかといった要因が選考の基準となる。

いずれにしても、NTの結果が学校選択の際の主要な基準のひとつになることは間違いない。テスト結果が良好な小・中学校には児童生徒が集まりやすくなる。逆に、成績がふるわない学校は不人気校となっていく可能性が高まる。テストと学校選択による弱肉強食の世界をつくり出すことが、サッチャー改革の重要な柱のひとつであった。新自由主義的改革の代表例と目されるゆえんである。

学校の自律的経営

Cの財政と人事という項目であるが、これについては「学校の自律的経営」(local management of schools) という考え方が打ち出された。簡単にいうと、学校の予算権と人事権を「学校理事会」(school governing body) に委ねるというものである。学校理事会は、教師の代表、親の代表、地域の有識者などからなり、学校規模に応じてそのサイズは異なる (およそ10人前後)。ただ、多くの学校で実際の人事や経営を動かすのは校長のつとめであり、理事会がそれをチェックするという形となる。日本の公立学校とは異なり、イギリスの公立学校では人 (教師) を選ぶこともできるし、予算の使い道もフリーに決めることができる。したがって、今日のイギリスの公立小・中学校は、日本の私立学校とまったく同じような原理で動くことができるのである。

最後にDとEについてもふれておきたい。Dの「補助金維持学校」はこの法律で定められた新しい学校種別であったが、現在はもはや存在しない。イギリスの教育の歴史を振り返ると、新たな学校種別が出てきては消え……ということを繰り返しているように思われる。この「補助金維持学校」という学校種は、予算が地方教育委員会を経由せずに直接国から下りてくるという特徴をもつものとされた。要するに政府のねらいは、地方教育委員会の影響力の排除ということにあった。

ロンドン教育委員会の解体

それと同様のねらいをもっていたのが、Eの「ロンドンの教育」というパートである。ここで指示されているのは、当時イギリスで最大規模だったロンドン教育委員会の解体である。ロンドン教育委員会はマイノリティの人権や社会的公正を重視するスタンスを採っていたが、それが新自由主義を標榜するサッチャーの保守党政権の価値観と相いれなかったために、二十いくつかの小さな委員会に分割されることになったのであった。

これらの主要な中身をもつ改革法について、ロンドン大学の教育社会学者G・ウィッティーは、次のような理論的整理を行っている。すなわち、この改革法は、新自由主義（ネオリベラリズム）と新保守主義（ネオコンサーバティズム）という2つの要素の組み合わせ、両者を標榜するグループの妥協の産物として成立したものだと（Whitty 1990）。

新保守主義を基盤に行われた改革

新自由主義的要素の最たるものは、学校選択制や学校の自律的経営といったものである。教育の場に市場原理を導入すること（＝学校選択）、そして強い競争力をもつ学校をつくるために個々の学校に人事権・予算権を委ねること（＝自律的経営）、それによって、教育システム全体のパフォーマンスを高めようとしたのである。しかしながら、話はそれだけにとどまるものではない。

改革法には、また新保守主義的な要素も組み込まれている。新保守主義とは、国や当該社会の伝統や規律を重視し、自国保護政策や排外的政策をも辞さない政治スタンスを指す。改革法のなかでは、教育内容に対する規制を強めようという志向性（＝ナショナルカリキュラム）や地方教育委員会の影響力を弱めようという方針（＝補助金維持学校、ロンドン教育委員会の解体）といったものにその要素が濃厚に認められる。

ウィッティーはこの事態を「妥協の産物」といったが、現在の時点で振り返ってみると、これは別に妥協でも何でもないように、筆者には思われる。なぜならば、市場原理に則って個人なり学校なりが競い合う状況をつくり出すためには、強力な枠組みというか、共通の土俵というか、だれもが認めるゲームのルールのようなものがなければならないからである。

サッチャー改革についていうなら、NCとNTという2つの改革要素を、教育界関係者に有無をいわせない形で一挙に導入したからこそ、改革は「成功」したのであった。いわば資本主義における「貨幣」に相当するものが、NCで定める「教育内容」であり、NTで測られる「成績・学力」だったのである。新保守主義的な強い政治のリーダーシップによって設定された「共通の土俵」のもとでこそ、新自由主義的な施策が首尾よく機能しうる。したがって両者は、いわば「共依存」の関係にあるとみることもできる。

世知辛くなったイギリス教育

いずれにせよイギリスでは、この改革路線は1997年から2010年まで続いた労働党政権下でも基本的に継続され、そして現在のジョンソン保守党政権にも受け継がれている。筆者はイギリス教育ウォッチャーとしてその変化を見守ってきたが、イギリスの教育はかつてに比べるとずいぶん世知辛くなったなあというのが、正直なところである。というのも、現在のシステムでは、すべての教育成果が「数値目標」として測定されるようになってきているから。子どもの成績の分布とその「伸び」が、教師の業績指標となり、学校のパフォーマンスの尺度となる。「数値がよければOK、さもなければダメ」である。わかりやすいといえばわかりやすいが、果たして教育の成果がすべて数値に還元できるかというと、決してそうではない。

がんばっても報われにくい努力、というものもある。逆に、労せずして結果が出ている、というケースもあろう。教育的観点からみてどちらの方がより尊いかといえば、前者だと思う。しかしながら、イギリスの新自由主義風土のもとでは一刀両断、「結果よければすべてよし」となる。イギリス好きの筆者としては、この現状は何ともつらいところである。

3　日本への導入

大きな影響力をもった臨教審

次に、日本の問題について考えてみることにしよう。

アメリカのレーガン、イギリスのサッチャーと同時期に政権を担当した自民党の中曽根首相（1983～1987）は、「戦後政治の総決算」を合言葉にさまざまな改革を断行した。その中心的なもののひとつが、臨時教育審議会（以降、「臨教審」）という首相直属の諮問機関の設置であった。これまで教育の方向性を指し示してきたのは文科省のもとに設置される中央教育審議会であったが、臨教審以降、その都度設置される首相の私的諮問機関（直近では、第二次安倍政権下での教育再生実行会議）が大きな影響力を行使することになる。

臨教審には4つの部会が設置されたが、その最大の争点は「教育の自由化」をめぐるものであった。財界の意向を受けた第1部会は、香山健一氏（学習院大教授）を中心に「教育の自由化」を推し進めようとした。逆に、文科省や自民党文教族の意向をくんだ第3部会は、自由化論に対して慎重な立場を採った。最終的に臨教審の提案から「自由化」という用語は消え、代わりに「個性重視の原則」という言葉が採用され、改革のスローガンとされた。端的にいうなら、1980年代半ばという時期においては、あまりに急速な「自由化」は教育の場にはなじまないという判断が暫定的に下されたということになる。教育行政学者市川は、1995年に出版された著作のなかで、次のように指摘している。

その意味で、臨教審答申の基調は、〝修正された自由化〟といえよう。学校設置基準をはじめ規制の緩和、制度の柔軟化や運用の弾力化、教育内容・方法の多様化、「学校へ行かない自由」も含めて学習者の自由の承認や選択幅の拡大、私学のシェア増大や教育産業の隆盛、公費支出の抑制と私費負担の増大などがそれである。「個性主義」のイデオロギーと一緒になって改革の底流を形成している点で、自由化の影響力は無視できない。ボディブローのように利いてくるものと思われる。(市川 1995、14頁)

動かない政治を動かす

先にも述べたように、臨教審以前の日本の教育界の特徴は、「動かない」、すなわち「改革がすすみにくい」ことであった。当時「若手」の教育研究者であった筆者は、事あるごとに「日本の教育現場は変わらないな」という思いにとらわれたものである。だからこそ、1990年代初頭にイギリスに渡った際に、サッチャー改革によって教育現場が激変していくさまを目のあたりにして、大変驚いたのであった。

アメリカの政治学者ショッパは、1970年代〜80年代の日本の教育改革の流れを詳細に分析したうえで、その特徴を「動かない政治」(immobilist politics)という言葉で表現している(ショッパ 2005)。外国人研究者の目から見ても、日本の教育界はすこぶる変化に乏しいものに映ったようである。一般的には、それをもたらしたのは、文部省対日教組の構図だといわれている。現実はそんなに単純なものではなかっただろうが、その「にらみあい」の構造こそがにっちもさっちも行かない状況をもたらしていると、おそらく当時の政治家は考

（図2-1）教育をめぐる三者関係の変化

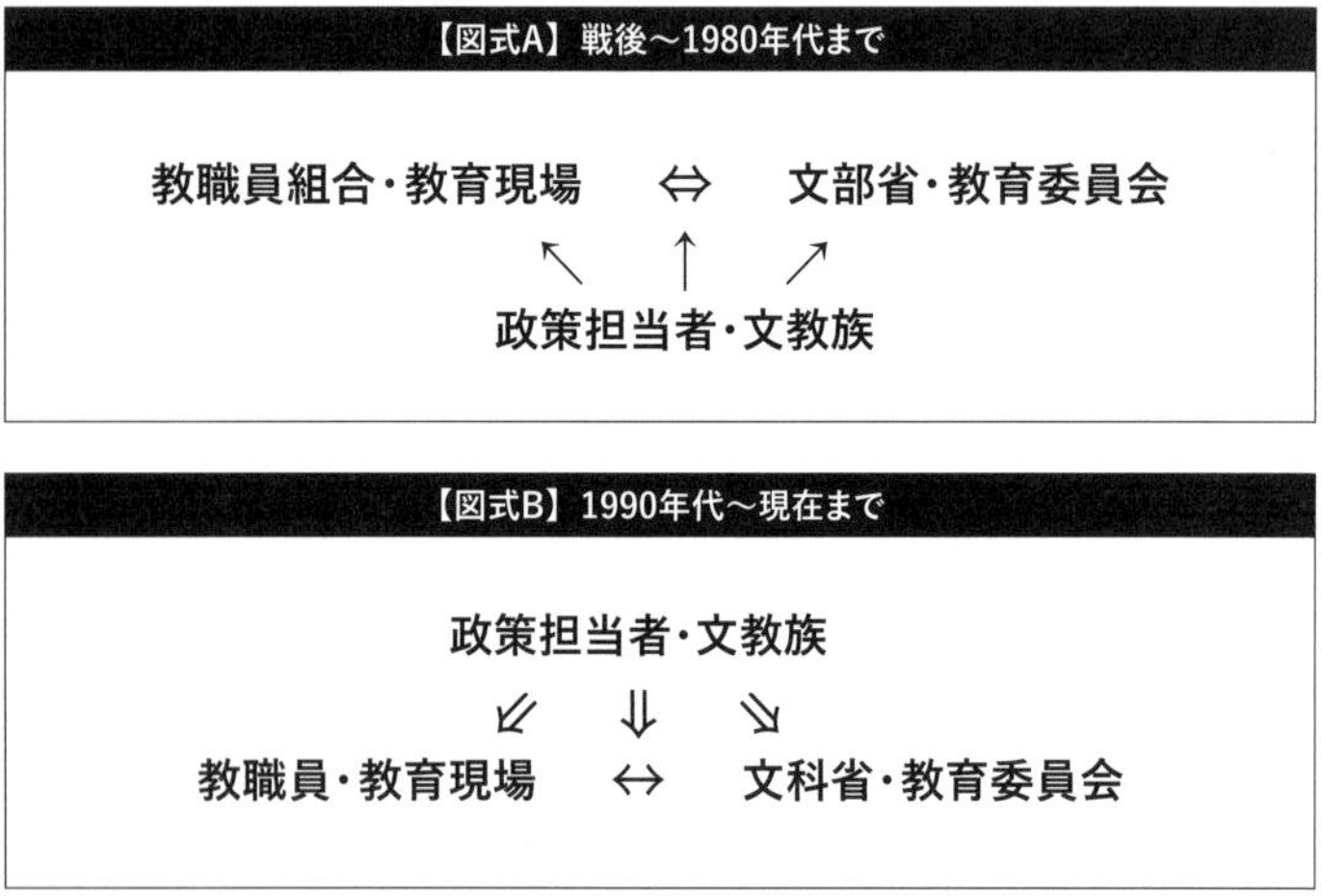

えたのであろう。その結果誕生したのが、１９８０年代半ばの臨教審であった。

その臨教審を日本の教育のターニングポイントとする見方は、今日では定着している。きわめて単純に図式化していうなら、臨教審を境に、図２−１にあるA的な関係からB的なものへと、３者関係が変容したと、私は考えるのである。その変化は、１９９０年代以降「政治主導の教育改革」路線が推進されるようになるということである（藤田 ２０１４）。

すなわち、１９８０年代半ばまでは、教育改革のイニシアチブを握っていたのは文部省であり、その文部省と日本教職員組合（以降、「日教組」）との緊張関係が底流にあった。そのなかで政府の位置づけは、ある種控えめなものだったと言いうる（図式A）。

図と地の入れ替わり

しかしながら、臨教審以降、あたかも図と地の関係が入れ替わるように、その図式は反転する。象徴的な出来事が、1989年に起こった日教組の分裂である。かつては強い結束を誇った日教組も、組織率が漸減していくなか、当時成立しつつあった「連合」（日本労働組合総連合会）に加わるかどうかという路線をめぐる内部対立が激化し、社会党系の日教組と共産党系の全教に分裂することになったのである。そして、連合の傘下に入った日教組は、1994年に文部省と「和解」し、「対立」から「協調」路線に舵を切ることになる。

次の年表（表2－1）をごらんいただきたい。これは、1990年代から現代へといたる教育改革の流れを整理してみたものである。ただし、ここには政府が推しすすめてきた教育改革のすべてが網羅されているわけではない。そのなかで、新自由主義や新保守主義の考えに近いもののみをピックアップした。したがって、いじめや不登校対策にかかわるものや特別支援教育等の推進に関するものなどは、ここには入ってこないことを予め断りしておく。

臨教審答申を受ける形で、1991年に出された中教審答申「新しい時代に対応する教育の諸制度の改革について」という文書は、教育の新時代を告げるものとなった。1990年代に開始された改革のなかで目につくのは、「中等教育改革」と「学校選択制の実施」とい

（表2-1）1990年代以降の教育改革：新自由主義・新保守主義の推進

1987	臨時教育審議会第 4 次答申
1991	中教育答申「新しい時代に対応する教育の諸制度の改革について」
1994	全寮制公立中高一貫校が宮崎県に開校
1996	中教審答申「21 世紀を展望した我が国の教育の在り方について」
1997	通学区域制度の弾力的運用の実施
1999	中等教育学校の法制化
	国旗・国歌法が施行
2000	品川区で学校選択制がスタート
	学校教育法施行規則の一部改正（民間人校長の登用）
	教育改革国民会議最終報告書
2001	文部省と科学技術庁が統合され文部科学省に
	学校教育法の改正 （県教委の判断による学区の廃止・校長の最終的決定権限の拡大）
2003	国立大学法の成立
	構造改革特別区域法の成立により、株式会社立学校の設置が可能に
2004	学校運営協議会を設置するコミュニティスクールが法制化
2006	教育再生会議の設置
	義務教育費国庫負担法の改正
	教育基本法の改正
	教員評価制度の導入
2007	全国学力・学習状況調査の導入
	副校長・主幹教諭・指導教諭の新設
2013	教育再生実行会議の提言（道徳の教科化、小・中学年への英語の導入）
2014	地方教育行政法の改正（教育委員会制度改革）
2016	義務教育学校の法制化
	教育機会確保法の制定（多様な義務教育機会の拡充を意図）
2017	文科省が「働き方改革に関する緊急対策」を発表
2020	小学校への新学習指導要領の導入（道徳・英語の教科化）
	大学入学共通テストの開始

う2つの項目である。前者については、年表にあるように、1994年に全国で初の公立中高一貫校(全寮制)が宮崎県五ヶ瀬町に開校された。そのうえで1999年に、中高一貫学校(=中等教育学校)の設置が法制化されるにいたった。これは、前記文書中にある、後期中等教育の多様化に相当する改革である。また後者については、まず1997年に小中学校における通学区域制度の弾力的運用が大幅に求められるようになり、2000年に東京都品川区において大々的に学校選択制が敷かれることとなった。学校選択制は、新自由主義的教育改革の目玉といってよい施策である。

矢継ぎ早の改革

21世紀に入り、小泉政権下の中央省庁再編の流れのなかで、旧文部省と科学技術庁が統合されて文部科学省が誕生した。子どもたちの教育と社会の科学技術との結びつきの強まりを暗示する省庁統合だったといえる。これ以降、政治主導の教育改革の流れが加速することになる。その中身は、イギリスのサッチャー教育改革の潮流に追随するかのような色彩を帯びたものであった。

まず、新自由主義的側面について。21世紀に入り、全国各地で小中学校の学校選択制が急速に敷かれるようになっていったのである。これについては、のちに4章で詳しく検討してみたい。

また、中高一貫校である中等教育学校の数も漸増していき、さらに2016年には、小中一貫教育を推進する「義務教育学校」が法制化されるにいたった。特別な位置づけをもつこれらの学校の開設は、多様な子どもたちの個性や保護者の志向性に合わせた選択肢を用意することをうたったものであるが、それは8章で検討するように、日本の学校体系の実質的な複線化を導こうとするものであった。「複線化」とは、恵まれた家庭の子どもたちが通う学校（「教育を選ぶ」層のための学校）と、そうでない「ふつう」の学校（「教育を受ける」層のための学校）とが、あたかも陸上競技場のトラックのように併存する状態のことを指す。日本の学校体系は、戦前の複線型システムの弊害を是正するべく、第二次大戦後にきわめて純粋な形で「単線化」された。その形が、今崩れようとしている。

2007年から実施されている「全国学テ」も、こうした流れのなかに位置づけることができる。イギリスではサッチャー改革により、それまで存在しなかったナショナル・カリキュラムとナショナル・テストが一気に導入された。そして、そのテストの結果が一斉に公開され、保護者の学校選択の際の重要な情報となるという形ができあがった。それに対して、日本ではナショナル・カリキュラムに相当する学習指導要領は、ずっと以前から存在していた。しかし、ナショナル・テストに相当するものは、1950~60年代に一時期存在したものの、原則的にはなかったといってよい。それが2007年になって、実施されることになったのである。幸いに、一部自治体を除いて、テスト結果の公表については「不必要な序列化につながる」という理由から慎重な対応が採られており、テスト結果によって保護者が学校を自由に選ぶというイギリス的な事態にはいまだ立ち至っていない。

とはいえ、学校・教員サイドには「しめつけ」と映るような改革が、着実に推進されつつあるのが実態である。学校評価・教員評価といったものが、それにあたる。そうした改革の最先端を行くと考えられる大阪では、自治体別(大阪府全域)や学校別(大阪市について)での子どもたちのテスト結果が公表されているだけではなく、「定員を充足しない年が3年続いたら、その高校を閉校する」という厳しい方針が示され、実際に閉校措置となった高校も数校出るような事態に立ち至っている。新自由主義的な改革要素をいかに選択するかは都道府県や市町村に委ねられる場合が多いため、改革の濃淡には大きな地域差があるのが現状である。

教育の「右傾化」

他方、近年の改革にみられる新保守主義的側面についてもふれておきたい。何よりも、2000年に立ち上がった教育改革国民会議、2006年第一次安倍政権下の教育再生会議、2013年第二次安倍政権下の教育再生実行会議など、首相直属の諮問機関が教育改革の主導権を握る事態が継続していることを指摘しておきたい。その流れのもとで、国旗・国歌の制定(1999)、校長の権限強化(2001)、教育基本法改正(2006)、副校長・主幹教諭の設置(2007)、道徳の教科化(2013)、教育委員会改革(2014)等の施策が採られた。形としては中央やトップへの権限の集中、内容は教育の「右傾化」が顕著である。

改革の「マグニチュード」という観点からすれば、日本の現状はイギリスに比べるとまだまだと評価できるかもしれない。本家イギリスでは、今日、企業立の公立学校ができたり、ある地域の教育行政を財団が担ったりということすら起こっているのだから。とはいえ、日本の公教育システムにも、一定の「地殻変動」が生じはじめていることは確かである。本書Ⅱ部では、その地殻変動について、6つの側面から検討を加えていくことになる。

4 新自由主義をめぐるせめぎあい

アウトプット・コントロールへの傾斜

教育行政学者である世取山は、新自由主義的教育改革の特徴を、端的に以下の2点にまとめている(世取山 2008)。第1に、学校体系の多様化。そして第2に、管理方針の徹底したトップダウン化とアウトプット・コントロールへの移行。

第1のポイントは、学校体系の実質的複線化と言い換えることもできる。「子どもの個性や能力に応じたさまざまなタイプの学校・教育を用意する」というレトリックのもとに、学校の種別化・差別化を図り、エリートのための卓越性重視の教育、ふつうの人々のための一般的な教育や職業教育を準備しようというのである。先にみた中高、あるいは小中一貫校の創設は、まさにこのポイントに即応した施策だということができる。

第2のポイントについては、まず後段の「アウトプット・コントロール」とは何かを説明しておかねばならないだろう。かつての日本が典型的にそうであったように、公教育管理の基本原理は、「教育を実行するのに不可欠な外的条件に関する基準の設定と財政的裏づけの確保」にあった。これを「インプット・コントロール」という。それに対して、「教育内容標準の確定、競争的環境の創設、教育内容標準の達成度の評価、および、評価に基づく賞罰の提供」を重視するやり方を「アウトプット・コントロール」という（世取山前掲論文、45頁）。サッチャー改革におけるナショナル・カリキュラムとナショナル・テストの導入とそれと対になっての学校選択制の採用が、この典型例だといいうる。日本においても、21世紀に入ってから、アウトプット・コントロールへの傾斜が顕著になりつつある。

また、第2のポイントの前段「管理方式の徹底的なトップダウン化」という点については、以下の教育社会学者藤田の議論が参考になるだろう。すなわち、第一次・第二次安倍政権が推進してきた「教育改革」を批判的に検討した藤田は、その性質を「五本の矢」という言い方で表現している（藤田 2014）。

① 教科書政策等にみられる国家主義的な「思想統制」
② 道徳の教科化等にみられる新保守主義的な「人格統制」
③ 小中一貫教育の制度化等にみられる新自由主義的な「教育機会の格差化」
④ 全国学力テストの結果公表等にみられる成果主義的な「教育統制」
⑤ 教育委員会制度改革等にみられる管理主義的な「行政的統制」

首相在任最長期間を樹立した安部晋三率いる自民党政権（第一次が2006～07年、第二次が2012～20年）は、歴代の自民党政権よりもはるかに直接的な、公教育に対する統制を推しすすめようとしてきた。先に述べた「政治主導の教育改革」を極端に推しすすめたのが安部政権であったといえる。それが今後の政権にどのように引き継がれ、どのような帰結を日本の教育界にもたらすのか、大きな関心をもって注視していきたい。

現状では、のちにみるように、学校選択制や一貫校といった代表的な新自由主義的教育改革のアイテムは、当初それを推進しようとした政治家や教育政策担当者が思い描いていたほどには広がりをみせていない。「維新」という特定の政治勢力が力をふるう大阪を除けば、日本では、サッチャー政権下のイギリスのように強権的な形で新自由主義的改革が断行されたわけではない。それを推進しようという「作用」に対する「反作用」が、そこには生じる。成果主義・競争主義のあからさまな導入を拒もうとする学校現場や地方教育行政からの反作用。従来型の公教育の原理と形を擁護しようとする教育研究者や一般市民からの反作用。小中一貫校や学校統廃合をめぐるその最近の実例については、山本（2019）などを参照いただきたい。

続くⅡ部では、本章で述べたような教育改革の趨勢がどのような帰結を生み出しつつあるか、それをめぐってどのような「せめぎあい」が日本社会のなかに具体的に生じているのか、その実像に迫ってみたい。

II部

3章　お受験狂想曲
——卓越性をめぐる親子ぐるみのたたかい

1　はじめに

教育を選ぶ層

本章では、いわゆる「お受験」（小学校受験）を考察の中心に据えたい。「習い事」および「中学受験」についても、その今日的動向を押さえておきたい。

「お受験」という言葉が使われはじめたのは、1990年代半ばのことだという。きっかけは、1994年に放映された『スウィート・ホーム』というテレビドラマであった。199

9年には、ミュージシャン矢沢永吉が初主演した映画『お受験』が公開されている。それから早くも20年ほどが経過し、首都圏を中心に「お受験」や多種多様な習い事は、かなりの子どもたちの間に常態化している。それらの現状を報告し、そこにある課題について検討を加えるのが、本章のテーマとなる。

本書のメインテーマは、タイトルに掲げた「学校の二極化」現象である。1章でも述べたように、それは、日本社会のなかに存在する学校（小・中・高校）が、いわゆる「よい学校」と「わるい学校」に、「質の高い学校」と「質の低い学校」に二極化しつつある傾向のことである。そうした現象をもたらしている主な要因として、「社会の私事化の進行」と「新自由主義的教育政策の進展」の2つを指摘した。後者については、前章でくわしくみた通りである。

前者については、1章において、4つのタイプの人びとの存在を指摘した。すなわち、①教育を操る人、②教育を選ぶ人、③教育を受ける人、④教育を受けられない人、である。この4者のうち、①は②の突出した部分、④は③から漏れ落ちている層とみなすことができるので、大ざっぱにいうと今日の日本社会では（というか、おそらく現代の多くの国において）、国民のなかに2つのグループがいる、と整理することができる。つまり、「教育を選ぶ」層と「教育を受ける」層である。本章の考察の直接的な対象となるのは、前者（＝「教育を選ぶ」層）の教育行動である。

2 「教育を選ぶ」人とはだれか

ブルデューの「文化資本」

筆者が専門とする教育社会学では、人々と教育とのかかわりを、社会階層・階級との関連から問題視し、学問的な探究を続けてきた。その到達点を単純化していうと、次のようになる。すなわち、「ミドルクラス」（中産階級）の人々は教育を積極的に利用する傾向が強いのに対して、「ワーキングクラス」（労働者階級）の人々は教育に対して受け身的であり、そのメリットを享受できるチャンスに恵まれにくい。

ここでいう「ミドルクラス」とは、一般的な言葉を使うと、サラリーマン層のことであり、「ワーキングクラス」とは肉体労働に従事する人々のことである。言い換えるなら、「ホワイトカラー」と「ブルーカラー」である。本書の用語でいうなら、前者が「教育を選ぶ層」、後者が「教育を受ける層」に相当する。平たくいうと、ホワイトカラーが教育熱心で、ブルーカラーはそうでもないということだ。

もちろん、現代の日本社会を考えると、事はそんなにシンプルではない。社会学者橋本によれば、今日の日本には5つの階級を認めることができるという。資本家階級（5％）、新中間階級（20％）、旧中間階級（16％）、労働者階級（37％）、アンダークラス（22％）である（橋本 2009、91頁）。橋本は次のように言う。

企業のオーナーあるいは組織者であり、労働者階級を雇用する資本家階級。雇われて働き賃金を得て生活する労働者階級。資本家階級と労働者階級の間に立って働く新中間階級。そして、自分で事業を営むとともに現場の作業も担う旧中間階級。（中略）今日、伝統的な労働者階級のさらに下に、これよりはるかに低い賃金で働き、労働者階級としての地位も確実に手に入れることのできない下層が生み出されている（＝アンダークラス）。（同前書、89〜90頁）

とりあえず本書では、上記のうち前の3つを「ミドルクラス」（併せると41％）、あとの2つを「ワーキングクラス」（同59％）と大まかに捉え、議論をすすめていくことにしたい。

では、なぜホワイトカラーは教育熱心なのか。

フランスの社会学者ピエール・ブルデューは、各階級の再生産戦略という視点からそれを説明している（ブルデュー1990）。ホワイトカラーとは、単純にいうなら「ネクタイをつけて仕事をする人たち」のことである。彼らの仕事は主として事務的・管理的な労働であり、その仕事に就くためには一定の学力・学歴が必要である。彼らはおおむね自分たちの子どもも同様の職に就いてほしいと願っているのであり、そのために教育熱心となる、というわけである。逆に肉体労働に従事するブルーカラーの人々は、子どもたちには「手に職をつけること」や「早く経済的に自立すること」を求め、高い学力や学歴にはさほどこだわらない。そういった家庭の文化や価値観の違いが、学校教育に対するそもそもの構えの違いを生み出す、とブルデューは指摘する。

次章で具体的なデータも示すが、筆者の職場がある大阪府の自治体別の学力テストの成績をみると、住民の学歴水準が高ければ高いほど、小中学生の「全国学テ」の点数が高くなる傾向にあることがわかる。この対応関係は、驚くほどはっきりしたものである。端的にいうなら、日本では、少なくとも自治体レベルでみた場合、親の学歴と子どもの学力はほぼ直線的な関係で結びついているのである。

家庭環境のなかに存在し、子どもの学力・学歴獲得に大きく寄与する諸資源のことを、ブルデューは「文化資本」と名づける。それは、3つの形態を採りうる。第1に、物質的な形態（家庭のなかにある本や楽器やアンティーク）、第2に、身体化された形態（親の生活習慣や教育に対する意識・態度。ブルデューはこれを「ハビトゥス」という言葉で表現する）、そして第3に、制度化された形態（親の学歴や教育資格）。「教育を選ぶ」層とは、ブルデュー的にいうなら、「文化資本を活用することによって、自らを再生産しようという戦略を駆使する」人々ということになる。次節以降でみるように、首都圏を中心とする都市部にはそのようなタイプの人々が相対的に多く在住している。

文化資本と並んで、家庭が所有する資本には他に2つのものがある。「経済資本」（お金やその他の資産）と「社会関係資本」（人間関係のネットワークやいわゆるコネ）である。大きな遺産を相続して自らを再生産するファミリーもあれば、コネや人的ネットワークを駆使して家の存続を図ろうとするファミリーもあるだろう。「教育を選ぶ」層は、それら3つの資本のうちとりわけ文化資本を重視するタイプの人たちと表現することもできる。

「計画された子育て」と「自然な子育て」

この点にかかわって、アメリカの社会学者アネット・ラロー（Annett Lareau）は、2011年に出版された *Unequal Childfood* : Class, Race and Family Life（邦訳すると、『不平等な子ども時代——階級・人種・家庭生活』）という著作のなかで、いくつもの家庭を対象とした参与観察調査にもとづき、「計画された子育て」と「自然な成長」という、興味深い対立概念を提出している。氏によれば、前者は「ミドルクラス」、後者は「ワーキングクラス」および「貧困家庭」に典型的にみられる子育てのあり方である。

まずは、「計画された子育て」について。

親と子のディスカッションが、ミドルクラスの子育ての特質である。ミドルクラスの親は、子どもの才能を計画的なやり方で伸ばそうとする。父母によって計画・管理された組織的活動が、ミドルクラスの子どもたちの生活の中心となる。こうした諸活動によって、ミドルクラスの親は「計画された子育て」のプロセスに打ちこむことになる。それによって、子どもたちのなかには「権利意識」が育まれる。この権利意識は、とりわけ制度的場面において重要な役割を果たす。そこにおいてミドルクラスの子どもたちは、相対的に平等な立場にある者としての大人たちに問いかけ、かかわりを持つことを学ぶ。

（Lareau 2011、1〜2頁、一部省略）

「計画された子育て」の原語は、concerted cultivation である。cultivation とは、「耕すこと」

である。「子どもの人格や資質を磨くこと」と言い換えることもできよう。それを concerted なやり方で行うというのである。concerted とは、「共同で」とか「協調して」といった意味をもつ言葉である。ここでは、その言葉が使用されている文脈から「(周到に)計画された」という訳語を選択した。要するに、ミドルクラスの親は、「いろいろと考えながら、計画的な子育てに励む」というわけである。そうした環境のもとで育まれた子どもたちは、やがて「権利意識」をもつようになるという。この言葉の原語は、sense of entitlement である。entitlement という英語はあまりなじみがないが、要するにここでいっているのは、「親や他の大人たちと対等に口がきける子どもになる」ということである。

次に、それとは対比される「自然な成長」について。

それに対して、ワーキングクラスや貧困家庭の親は、計画された子育てには関心を示さない。彼らにとって、親たる最大の責任は、子どもたちの感情や意見や考えを引き出すことにはない。むしろ彼らは、大人と子どもの間に明確な境界線を引く。彼らは、命令形の言葉を使いがちである。すなわち、理屈で子どもを説得するというよりも子どもにどうすべきかを告げる。他方で、ミドルクラスの子どもたちとは異なり、労働者階級や貧困家庭の子どもたちは、余暇時間をどう過ごすかをより自由に決めることができる。多くの子どもはいつでも外出でき、近隣に住む友達や親戚の子たちと遊ぶことができる。彼らの親・保護者たちは、「自然な成長の実現」を結果的に促進するのである。ただし、こうした子育てのあり方は、学校のような制度が要求するものとは必ずしも一致しない。その結果、そうした家庭の子どもたちは、制度的場面において「距離感・不信感・拘束感」などを抱くようになりがちである。（同前書、3頁、一部省略）

こちらには、多くの解説はいらないだろう。読んでいただいた通りである。「自然な成長の実現」の原語は、accomplishment of natural growth である。こちらのタイプの親は、子どもと議論しない。命じることもあるが、基本的には放任である。子どもたちは仲間関係のなかで自然に成長していき、やがて大人となるのだ。ただ、彼らにとって公的な制度（学校がその中心である）は、彼らの自然な欲求や要望を素直に受け入れてはくれないために、「距離感・不信感・拘束感」（sense of distance, distrust and constraint）が生じがちになる。

子どもたちのなかに、かたや「権利意識」が、かたや「距離感・不信感・拘束感」が生まれるという論点も興味深いものではあるが、ここでは措《お》いておくことにしよう。本章で注目したいのは、「計画された子育て」と「自然な成長」というコントラストの方である。

子育てをめぐる教育社会学的議論の代表例として、ブルデューとラローのものを紹介した。

いずれの研究でも、ミドルクラスの親が「教育を選ぶ」層の中核をなすとみなされている。彼らが、1章でみたペアレントクラシーの社会を引っ張っている主人公なのである。

「お受験」について検討を加えることが本章の中心的な作業となるが、その前段階として、「中学受験」と「習い事」という2つのトピックについて、「教育を選ぶ」人たちの行動と意識に迫っておくことにしたい。

3　中学受験

4人に1人は私立中学へ

まずは、統計からみてみよう。

全国で、中学校の数はおよそ1万校ある。そのうち91・6％(9、291校)が「公立」、「私立」は7・7％(782校)、「国立」は0・7％(69校)である(ここでいう「国立」とは、いわゆる国立大学付属中である)。生徒数の比率もほぼ同様で、「公立」91・6％、「私立」7・5％、「国立」0・9％となる。要するに、全国的にみると、90％以上の子どもたちは公立

（表3-1）中学校数と生徒数（国公私別）

（　）内は%

全国				
	全体	公立	国立	私立
学校数	10,142	9,291（91.6）	69（0.7）	782（7.7）
在籍者数	3,211,219	2,941,423（91.6）	27,701（0.9）	242,095（7.5）

東京				
	全体	公立	国立	私立
学校数	803	609（76.5）	6（0.1）	188（23.4）
在籍者数	300,377	222,730（74.1）	2,644（0.9）	75,003（25.0）

［出典］『学校基本調査』2020年度から作成

中学校に通っているのである。

それに対して、表3－1下段、東京の欄をみていただきたい。ここで東京を取り上げるのは、全国でもっとも私学在籍者が多い自治体だからである。在籍者数をみると、全体の25％にあたる子どもたちが私学に通っていることがわかる（国立の中学校に通う比率は、全国と同じ0・9％である）。全国で「私立」に通う子どもたちは7・5％だったので、その3倍以上の子どもたちが私立中学を選択し、結果として都内の中学生の4人に1人が私学に通学していることになる。東京の状況は、全国的な動向と比べると突出したものであることが知れよう。

次に表3－2をごらんいただきたい。こちらは、私立中学に通う生徒の割合を都道府県別にみたものである。唯一2割を超えている東京に続いて、高知18・1％、京都13・4％、奈良12・6％、神奈川

（表3-2）
私立中学校に通う割合（2019年度）

1位	東京都	25.0%
2位	高知県	18.1%
3位	京都府	13.4%
4位	奈良県	12.6%
5位	神奈川県	11.1%
6位	広島県	9.9%
7位	大阪府	9.5%
8位	和歌山県	9.3%
9位	兵庫県	8.5%
10位	宮崎県	6.3%

［出典］『学校基本調査』2019年度から作成

11・1%などの府県が並んでいる。2位の高知、6位の広島を除くと、いずれも東京・大阪という大都市圏、およびそこに隣接する自治体という顔ぶれとなっていることがわかる。大都市圏とは、ホワイトカラー、すなわち教育を選ぶ層が多く住む場所と特徴づけることができる（広島もそこに含めて考えてよいだろう）。私学教育とホワイトカラー層の親和性を、そこに見て取ることは容易である。

では、高知県はどうなのか。東京についで18・1%と、3位以下を引き離しての2位ランクインとなっている。私はこれまで出張で何度も高知に行くことがあったが、関係者の話を総合すると、1950〜60年代にかけて高知の公立中学校が大いに荒れたために私立中学が栄える結果となった、ということであった。事の真偽のほどはより慎重な検討をしないとわからないが、その可能性は大いにある。農漁村が多い地方県で「公立中学校は荒れている」という風評が立てば、一定数存在するホワイトカラー層が「よい教育」を求めて私学に「逃げ込む」ということは十分にありえたと推測しうる。

逆転できないギャップ

私自身の昔話を聞いていただきたい。地方の無名高校出身であった私は、今から40年ほど前に「受験戦争」と呼ばれる状況をくぐり抜けて、東京大学の文科Ⅲ類に入学した。そこでは、「首都圏の私立・国立中高一貫校」出身者が主流派を形成していた。当初ずいぶん心細い思いをしたものである。「東京弁」で語られる彼らの話題の多くは、私には縁遠いものであった。彼らが有する文化資本の豊富さに、手も足も出ないと感じることもしばしばであった。経済的な理由もあり、入学時点から県人寮に住んだが、もし別の場所に一人で住んでいたら「不登校」になったかもしれない、と今思う。

運よく私は「現役」で合格することができたが、当時は「浪人」して入学してきた者が多かった。なかには、2浪、3浪して、という者もいた。大人びた彼らを「兄貴分」として、私の大学生活は始まったといってよい。しかし、最近事情は変わっているようである。浪人生が減り、現役合格の比率が増している。私は教育学部を卒業したが、同じ東京大学教育学部を最近卒業した、ある知り合いの娘さんは次のように語ってくれた。「最近は志水先生がおっしゃるような『苦学生』的な教育学部生はほとんどいませんよ。皆明るく、余裕をもって入学してきた仲間が多いです」と。ペアレントクラシーの高まりの結果、といえようか。

東大へといたる受験の道も低年齢化してきており、「計画された子育て」によって順調に成長した若者たちは、ある意味余裕をもって受験というハードルをクリアできているのではないか。苦労してはいあがった者が逆転できないようなギャップが、そこには生じているのかもしれないのである。

コロナ禍でも伸びる私立中学受験

少し古いデータになるが、２０１２年にベネッセ社が実施した首都圏の保護者の中学受験に関する意識調査がある（ベネッセ教育研究開発センター　２０１３）。これは、のちに8章でみる「公立中高一貫校」の増加を背景に企画・実施されたものである（回答者は小３から小６の子どもをもつ保護者５、０００名あまり、インターネットによる回答）。

6年生の保護者のうち（調査をしたのは9月時点）、「受験させる」と答えた者は23・3%、「させない」と答えた者は67・6%、「まだ決めてない」と答えた者は9・1%である。「受験させる」家庭のうち、第一志望を「私立」と答えたのが59・1%、「公立中高一貫校」と答えたのが34・7%、「国立大附属中」と答えたのが4・6%となっており、希望先が多様化している様子がうかがえる。中学受験を最初に言い出したのは、「母親」がもっとも多く約半数52・3%、「父親」23・8%、「子ども自身」22・1%と続く。受験予定の保護者は、「社会で必要とされる力を中高生のうちから積極的につけさせたい」「多少無理をしても子どもの教育にはお金をかけたい」「子どもには一流の大学に入ってほしい」など、進路への高い希望をもち、早い段階からの準備の必要性を感じているという結果が出ている。

知り合いに、関西ベースで営業している中堅学習塾の広報部長をつとめる人物がいる。彼が次の事実を教えてくれた。すなわち、昨年（2020）は、全世界がコロナ禍で苦境に立たされた1年だったわけであるが、大阪地区の中学入試の受験生数は以前より逆に増加しているというのである。コロナ禍の経済的な落ち込みにより私立中学受験は下火になる可能性もありそうなのだが、コロナ禍において通常の授業をこなすのに汲々としていた公立中学に対し、いち早くオンライン授業をはじめ授業改善につとめた私学の人気が高まったという。むろん私学受験できる経済資本を有する家庭の数は限られているわけだが、これまでふつうに「公立」を選んでいた家庭が「私立」を選択するようになってきたのかもしれないと思われる。ペアレントクラシーの趨勢は、新型コロナの猛威をものともしないようである。

4　習い事

多種多様な学校外教育

ここで、習い事の現状についても簡単に振り返っておくことにしよう。

まず全国的な状況について、統計的な数値をみておきたい。引用するのは、先と同じくベネッセ社が実施した学校外教育活動に関する調査である。全国の幼児から高校生の子どもをもつ母親約1万6、000名が回答した。ここでは小学生のみにしぼって、結果の概要を紹介しておきたい（ベネッセ総合教育研究所 2017）。この調査では、学校外の教育活動を「スポーツ活動」（以降「スポーツ」）、「芸術活動」（同「アート」）、「家庭学習活動」（「通信教育」「市販の参考書」「絵本」などがここに入る。以降「通信教育など」）、「教室学習活動」（「塾」「英会話」「習字」などがここに入る。以降「塾など」）の4つに分類している。小学生の家庭がこれらの活動に費やすひと月あたりの金額は、平均で1万5、300円である。内訳は、「スポーツ」4、600円、「アート」2、500円、「通信教育など」2、500円、「塾など」6、200円となる。これを多いとみるか、少ないとみるか。ちなみに幼児の平均は6、500円、中学生の平均は2万2、200円、高校生の平均は1万6，900円（同調査によると、中学生の金額がもっとも高くなるのは、通塾費がかさむからである）。

それぞれのなかで、もっとも多くの小学生が活動を行っているのが「スポーツ」で63・6％、以下「通信教育など」60・1％、「塾など」49・1％、「アート」28・7％となる。人気のあるスポーツは「スイミング」33・6％、「サッカー」8・7％、「体験教室・運動遊び」6・3％、「ダンス」5・4％、「テニス」4・9％などである。また、人気のあるアートは、「楽器のレッスン」20・7％、「音楽教室・合唱」4・2％、「絵画・造形」2・6％などとなる。今日の日本では、多種多様な学校外教育（＝習い事）が子どもたちに提供されるようになっている。

子どもの「習い事」に月3万円

再び、筆者自身のことを振り返ってみよう。今から約60年ほど前（1959）に小さな材木屋の家に生まれた筆者は、ラローのいう「自然な成長」を遂げたといって間違いはない。親には一度も勉強をしろといわれたことはなく、近所の仲間や親戚の子とつるんで遊ぶことが多かった。唯一経験した習い事といえば、近所のそろばん塾に通うことであった。

息子は1980年代に生まれたが、当時の筆者はかけ出しの研究者であり、彼が経験した習い事は少年サッカーのみである。塾に通う子などもまわりにはいたが、筆者も妻も塾通いには関心がなかったため、息子が学習塾に通うことはなかった。私たち夫婦の教育戦略は、ラローの概念に引きつけていうならば、「計画された、自然な成長」とでも名付けうるものだったかもしれない。

その息子は、現在首都圏に在住するサラリーマンであり、娘がいる。彼女に、「塾・習い事」について聞いてみた。その回答によると、生け花やバレエ等、平日にはほぼ毎日、トータルで5〜6の習い事に通っているということであった。しかも、塾や英語などの「勉強系」のものがみあたらないことが特徴である。月謝の額は、合計で3万円ほどに達するという。時代も変わったものである。ただし、息子夫婦はフルタイムの共働きのため、放課後に子どもをみてもらう意味でも、習い事に通わせることは必須なのだそうだ。習い事の教室が、託児機能を有しているというのである。いずれにしても、孫たちの姿をみていると、文化資本を重視する「計画された子育て」が順調にすすんでいるように思われる。

ある幼児教室の「お受験」事情

さらに最近では、大都市部において幼児教室なるものが隆盛をきわめているという。その実態を知るために、先日自宅近くのある幼児教室を訪問し、スタッフの方々の話を聞くことができた。

その教室は、今からおよそ20年前、ある出版社とある子ども服メーカーとのジョイントプロジェクトとしてスタートしたという。キャッチフレーズは、「『がんばる脳』と『まるい心』を育む」というもの。1歳の誕生日を超えた時点から通い始めることができる。母親とペアで週1回60分の授業を受けるところからのスタートである。授業は、2つの種類に分けられる。「体験楽習」をスローガンに、楽しく体験学習を行う「ハンズオンタイム」、そして国語と算数の学習の基礎を習得する「シートタイム」である。指導者はさまざまなバックグラウンドをもつ人々だが、幼稚園で勤務したキャリアをもつ女性が多い。

筆者はてっきり、幼児教室なるものは「お受験」(小学校受験)につながるのだろうと思い込んでいたのだが、この教室のコンセプトはそうではなかった。「がんばる脳」と「まるい心」というスローガンから明らかなように、そこが目指しているのは、あくまでも人間性教育あるいは情操教育と呼びうるものである。ただ、この教室は、現在では「お受験用クラス」も有している。それは、興味深いことに、ある保護者の「直訴」から生まれたのだという。すなわち、自らの子どもを通わせていたある保護者が、「(お受験専門のきびしい塾ではなく)人間性を大事にするこの教室からぜひ私立小学校を受験したい」と強く訴えたのだそうだ。この「お受験クラス」から、今年私立小学校を受けた子どもは10人ほどいたという。その全員が合格を果たしたという結果は、見事というしかない。

5 「お受験」の現状

東京でお受験は「まっとう」な判断

いよいよ本題の「お受験」というテーマに移ろう。

もう20年以上も前の話である。東京に住む友人夫妻から子どもの教育について相談を受けた。具体的には、今でいう「お受験」をするかどうかという話であった。結局「お受験」路線に乗り、彼らの子どもは首尾よくある私立小学校に合格した。ただし、その子を待ち受けていたのは、山手線を半周近く回る、毎日の通学であった。山手線の朝のラッシュのなか、ランドセルを背負った6歳の子が学校に通う姿を想像し、私は複雑な思いにとらわれた。友人夫妻は、学生時代には2人ともリーダー的な存在であった。良識ある、すこぶる「まっとうな」人間である。「お受験」が必要なのかと、当時の筆者は素朴に感じたが、今から思うと、「まっとうな」人であるからこそ、子どもの「お受験」を考えたのかもしれない。

なぜか。それは、そこが「東京」だからである。今はその形（「東京一極集中」）は変化をしつつあると思われるが、少なくとも当時は、東京と他地域との学校選びの様相は大きく異なっていた。受験熱の地域差が、今よりもずっとあったように思われるのである。今日では、電車のなかで制服姿の小学生グループがおしゃべりをしたり、おそろいの塾カバンを背負った子どもたちがコンビニ前でスマホをいじったりする姿は、筆者の職場がある大阪でも、あるいはその他の地域の県庁所在地などでも日常化している。

お受験本の中身

世の中では、保護者の「お受験」熱を煽るような出版物があふれている。タイトルを挙げると、以下のようになる。『お受験するか、しないか決断できる本』（末木 2004）、『親子でお受験を成功させる本』（加納 2007）、『名門小学校に合格する「教え方」教えます』（福澤 2013)、『小学校お受験合格バイブル』(小木曽 2015)、『慶應幼稚舎・早実初等部・筑波小学校に合格する子育て』(山岸 2015)、『日本一わかりやすい小学校受験大百科2018完全保存版』(プレジデントファミリー編集部 2018)などなど。

たとえば、『お受験するか、しないか決断できる本』では、「お受験は、財力・体力・忍耐力」をキーワードに、「お受験ファミリーの1年」を、「お正月とお着物」(1月)、「節分とお絵描き」(2月)、「お父さまの役割と常識」(3月)、「ドライブスルーとブランド」(4月)、「学校説明会と決意」(5月)、「コネクションと寄付金」(6月)といった見出し(合計で24項目)のもとに、面白おかしくお受験に向けての心構えやノウハウを保護者たちに伝授する仕立てとなっている。

この本では、「おわりに」で、著者の「社会学的洞察」ともいうべきものが次のように開陳されている。

お受験は、本来、教養ある裕福な旧家のクラースが、お子様に一流の教養を身につけさせるべく選んだ道だったはずです。私立中学校も、高いクラースのご子息・ご令嬢に最高の教育を授けてその期待に応えてきました。そして、国民が経済的に豊かになった現在、お子様に最高の教育の機会を与えてあげたいというお父さま・お母さまが増えてきたのです。

ブランド志向のお受験から、環境志向へシフトするにつれ、お受験は今後ますます過熱していくはずです。小学校はもちろん、私立中学校のお受験も、小学校お受験の「負け組」と〝途中参戦〟するお母さま方を巻き込んでさらに競争激化していくことでしょう。(同前書、212－213頁)

「クラース」という言葉づかいが気になるが、要するに本章でいう「階級」(class) のことである。一部の特権階級のものであった私立学校が、より広い層に開かれてきた今日の状況を、引用文では「ブランド志向から環境志向へ」という言葉で表現しようとしている。

『親子でお受験を成功させる本』や『名門小学校に合格する「教え方」教えます』といった本では、細かく当日の「お受験」の内容(およそ「ペーパーテスト」「運動」「制作・絵画」「行動観察」「面接」の5つからなるとされる) やテストの出題傾向が分析され、その「傾向と対策」が事細かに論じられ、まさに「攻略本」的な様相を呈している。

かたや、超ブランド校の校名を冠した『慶應幼稚舎・早実初等部・筑波小学校に合格する子育て』では、「小学校受験は『お家での過ごし方』で決まる!」というサブタイトルに示されているように、逆に長期的な視点から (=生まれたときからの)、受験に合格するため

（表3-3）小学校数と児童数（国公私別）

（　）内は％

全国				
	全体	公立	国立	私立
学校数	19,525	19,217（98.4）	68（0.3）	240（1.3）
在籍者数	6,300,693	6,185,145（98.1）	36,622（0.6）	78,926（1.3）

東京				
	全体	公立	国立	私立
学校数	1,328	1,267（95.4）	6（0.5）	55（4.1）
在籍者数	619,291	590,289（95.3）	3,617（0.6）	25,385（4.1）

［出典］『学校基本調査』2020年度から作成

の子育ての心構えや指導法が指南される。

これらの著作物には、そのスタイルや中身においては一定のバリエーションはあるものの、それらは全体として、都市部に在住する「教育を選ぶ」層の、とりわけ母親たちの「購買欲を刺激する」効果を有しているように思われる。

ここで、小学校受験の現状についてふれておきたい。

先の表3－1は中学校・中学生のものであったが、同様のものを小学校・小学生について作成したものが表3－3である。

文科省の学校基本調査によると、全国に小学校は約2万校あるが、そのうち私立は240校、国立は68校である（2016年度）。割合でいうと、全国の小学校のうち、1・3％が「私立」、0・3％程度が「国立」ということになる。2000年代に入って以降、公立小学校の数は少子高齢化により漸減傾向にあるのに対して、私立小学校の数は右肩上がりの傾向にある。

もちろん地域的なばらつきは大きい。もっとも私立小学校の存在感が大きい東京では、学校数・在籍者数ともに4・1%という数値となっている。児童数でいうなら、25人に1人が私立小学校に通っているという勘定になる。学校数についていうなら、10校以上あるのが東京・神奈川・大阪・兵庫の4都府県、5〜10校あるのが埼玉・千葉・京都・奈良・広島・福岡・長崎の7府県、逆に1校もないのが秋田・山形・新潟・富山・鳥取・島根・香川・愛媛・佐賀・熊本の10県となっている（2010年度の数値、望月 2011、48頁より）。

受験の実態は公的な統計には表れてこないために、他のデータにあたるしかない。数年前の数値になるが、2017年の首都圏（上記の1都3県）の出願者数は、2万7、000人と、2014年以降微増傾向にあるという（プレジデントファミリー編集部 2018）。子どもの数が少なくなっているのに対して、私立小学校の出願者数は逆に増えているのである。10年ほど前に行われたベネッセ社の調査によれば、小学校受験させる家庭は地方都市や地方郡部では1％に達しないのに対して、首都圏では2・5％と高くなり、「まだ決めていない」層を含めると2割以上になっているという（ベネッセ教育研究開発センター 2009）。

初年度納入金トップは266万円

では、小学校受験には、どのくらいの費用がかかるのだろうか。

前出のプレジデント社の出版物（『日本一わかりやすい小学校受験大百科　2018完全保存版』）によると、お受験に必要な経費は概算で約220万円にのぼるという。内訳は、「塾の月謝（1年分）」が50万、「夏季・冬季講習」が40万、「模試」が10万、「学校対策講座など」が30万、「絵画教室」と「体操教室」が20万ずつ、「親子の受験用の服」が会わせて30万、「受験費用」が10万、「その他」が10万、締めて220万円（同書、121頁）。目もくらむような額である。

入学したら、私立小学校生には1年間で154万円ほどのお金がかかるという（「授業料・学用品」に79万円、「習い事など」に60万円、「通学費」4万円など）。これは、公立小学校での年間学習費32万円に比べると、約5倍の支出となる。6年間の学費とお受験経費を合計すると、しめて1、250万ほどとなる。経済的にかなり恵まれた層でなければ、これだけの費用をまかなうことは難しい。そしてそれが、多くの場合、中学校以降も続くのである。

同書は、全国に存在する私立小学校について、いくつもの「ランキング」を発表している。最初に出てくるのが、志願倍率ランキングである。トップに位置づくのが、「慶應義塾横浜初等部」の11・5倍、以下、「慶應義塾幼稚舎」10・4倍、「東洋英和女学院初等部」10・3

倍、「桐朋学園小学校」7・8倍、「早稲田大学系属早稲田実業学校初等部」7・5倍と続く。お受験の倍率が、超人気校では10倍以上に達するという数字は驚きである。初年度納入金ランキングでは、トップの「ICA国際小学校」が266万円、続く「幕張インターナショナルスクール」が210万円、「慶應義塾横浜初等部」が186万円となっている。また、寄付金ランキングというものもあり、そこでは兵庫の「須磨浦小学校」が60万円でトップ、以下「学習院初等部」や「成蹊小学校」などが50万円で続いている。いずれも、庶民には天文学的数字にみえる額であるが、注目されるのはいくつもの「伝統校」にまざって、いくつか「新興校」の名前も見出されることである。

同書によると、現在の私立小学校選びのキーワードは、「心の教育」「探求型学習」「英語教育」「中学受験型」「大学受験型」「アフタースクール」などとなるという（同書、30頁）。少数のブランド校がしのぎを削っていたころとは異なり、今日私立小学校のカラーはかなり多様性を増しているようである。

受験戦争肯定、学歴重視

お受験をテーマとする学術書はいまだほとんど存在しないが、数少ない著作のひとつに望月の『現代日本の私立中学校受験』（望月 2011）がある。この本のサブタイトルは、「ペアレントクラシーに基づく教育選抜の現状」であり、本章と同様に「日本のペアレントクラシーの現状と課題」に迫ろうという著作である。

そこではいくつかの興味深い知見が提出されているが、そのひとつとして、子どもたちの「卒業後の進路」を軸として私立中学校の類型化を試みているパートがある。「エスカレーター進学」全体の約5％（以降同じ）、「大学受験進学準備」約20％、「高校まで進学」約2％、「高校受験準備」約3％、「進路多様」約7％、「性別による進路差あり」約8％、「外部中学進学」約34％という7つのタイプがそこで提示されている（残りの約21％は、「卒業生未輩出」「休校中」「不明」など）。やや複雑であるが、要するに、進路だけをみても、そこにはさまざまなタイプの学校が含まれているということである。

保護者対象の調査によって氏が明らかにしているのは、お受験をする親たちの価値観・意識・行動の特徴である。第1に、従来の私立小学校受験は受験戦争回避を目的とすることが多かったのに対して、現代ではむしろ「小学校進学後の受験競争の準備（環境の整備を含めて）」を目的とする場合が多いこと。第2に、小学校受験の影響を肯定的に捉え、そして、「受験は親が払うべき精神的な負担だ」とみなしていること。第3に、親たちは子どもの教育環境全般に関心をもち、それを意図的に整えていこうとする傾向が強いこと。第4に、学歴を重視し、個人の努力は報われるといった社会観を有し、受験競争ほか格差に肯定的であること。氏は、「私立小学校受験の過熱・拡大＝難関大学進学を見据えたペアレントクラシー時代への移行」が、今日の日本社会の特徴であると結論づけている。

お受験現象にこだわりをもち続けてきた小針（２００９）によると、すでに大正時代の日本において、東京のいくつかの私立学校が、「都市新中間層」（＝上層ホワイトカラー層）の世代的再生産の社会的装置となっていたということである。本書の言葉を使うなら、日本では戦前期から「教育を選ぶ」層が存在していたのである。それは、メリトクラシーの社会を実現するための主要な社会制度として誕生した近代学校の成り立ちを考えると、ある意味当然のことであろう。近代社会に生きる人々がエリートたる地位を獲得・維持しようとすれば、高い学歴を得ることが不可欠だからである。今日の日本におけるお受験熱の高まりは、急速なグローバル化・ＩＣＴ化が進行する現代社会のなかで、少しでもよりよい社会的地位を獲得・維持しようとする都市住民の「再加熱」が行われているという現実の直接的な反映である。

6 「お受験」を支える人々

全国でいちばん古い幼児教室

ここまで、「お受験」というものについて、いくつかの文献やデータにもとづき、東京の動向を中心にみてきた。本章を締めくくるにあたって、「お受験」をサポートしている「塾」の経営者の声を聞いておきたい。

筆者が住む北摂地域には、国立大附属の小学校（以降「A小」）がある。その小学校への入学を中心とする小学校受験を柱に経営してきた塾を2つ取り上げてみよう。ひとつは「ごこう幼児教室」、今ひとつは「ヘッズアップセミナー」である。

まず、ごこう幼児教室である。「ごこう」というのは、約60年前にこの塾を開いた設立者、御幸照美氏のおめでたい名字を平がなにしたものである。現在の経営者は、2代目の御幸次郎氏。先にもふれたように、小学校受験をもっぱらとする塾は「幼児教室」と呼ばれることが多いが、照美氏によると、「幼児教室でいうと、多分うちが全国でいちばん古いぐらいかなと思いますね」ということである。当初は「知能促進教室」と名乗っていたという。

ごこう幼児教室は、大阪梅田から宝塚にいたる阪急電車沿線の駅前にある。ビルのワンフロアを占める「ごこうさん」は、アットホームな雰囲気を漂わせた、家族経営の幼児教室である。私が訪問した際には次郎氏だけでなく、元幼稚園の先生である奥様、そして80代になった先代の照美氏、その奥様と総勢4人で迎えていただいた。

照美氏が別の場所で立ち上げた小中高校生を対象とする通常の学習塾に、算数を教わりにきていた幼稚園児たちが、あるとき10人ほど全員がA小の試験に合格したという。それ以来「ごこう」は小学校受験の幼児教室に特化していった。

現在、教室に通ってくる子どもたちは、春の時期で年長さん（6歳児、受験組）が120人、年中さん（5歳児）が60人、年少さん（4歳児）が10人ほど。その下の2〜3歳児クラスもあるという。授業時間は年長90分、年中と年少は60分、2〜3歳は50分。基本的には週1回だが、受験前になると直前講習が組まれる。

「町の先生」の役割

小学校受験は、ペーパー、音楽、運動、製作（図工）、行動観察、面接などのパートから成り立っているのが一般的だという。A小の場合は、初日に親子3組での20分ほどの面接が行われ、2日目に3時間半かけて前の5つの要素の試験が行われる。それは次郎氏によると、「15人ぐらいのグループがあって、それが教室を移動して試問に取り組むスタイル。ひとつ目が筆記試験、問題を解いて、その次には運動の教室でっていうふうにやります」。もっともわかりにくいのが行動観察だが、これはたとえば5人組になってある課題に取り組ませ、試験官が「仲良くできるかとか、自分の意見をちゃんといえるかとか、目的をもって協力し合えるか」をチェックするのだという。なお、各要素の配点や評価基準といったものは公表されない。教室側では、受験した子どもの保護者にレポートを書いてもらって、次年度以降の入試対策に生かすという。

A小の定員は男女50人ずつの100人。昨年は男子が122人、女子が122人受験した。倍率は2・5倍といったところである。低くなってきている。以前は5〜6倍あったときもあったというが、子どもの数が減ってきていること、逆に近隣に私立小が増えたこと、公立小の評判がよくなってきていること、受験行動が多様化していることなどが、その背景にあるという。「ごこう」では、今年は80人ほどが受けて53人が合格。30人ほどが残念ながら「ご縁がなかった」という結果になった。

次郎氏に「ごこう」の特徴を尋ねると、次のような答えが返ってきた。

やはり楽しくお稽古しよう、ということですね。やっぱりやっていること自体は難しいです。私も問題づくりをしながら思うんです。知能的にも難しいし、ここまで知識を求めるのかといった内容もあります。そういうのを教えながらも、きびしくするときもありますが、楽しく笑いながらっていうのは心がけてますね。

次郎氏は、「(うちは)他と比べて穏やかとか、やさしいとか、母親同士の話ではあるみたい」とも語ってくれた。先代の照美氏は、授業の始まる前の短い時間に、論語のなかからちょっとした言葉を選んで母親たちに話をしているという。

「子育てのなかでしつけや教育について一緒に学習しようという気持ちでね」と照美氏。「ごこう」は2代続けて、地域に住む教育熱心な保護者の「町の先生」の役割を果たしている。

塾別トップの入学者数

2つめは、「ヘッズアップセミナー」である。

こちらは30年あまりの歴史をもつ。経営するのは、サラリーマン経験をもつ森規夫氏。森氏のお父様も塾を経営していたということ。自身が塾を始めるにあたって、「自分が特色を出せるとしたら、小さい子どもたちの教室かなと。いくつかみにいき、『これだったら自分ならもっと上に行けるな』と感じた」という。「ヘッズアップ」というカタカナ名は、アメリカの早期教育のおもちゃの名前から取ったそうである。

ヘッズアップは、「ごこう」のある駅の隣の駅前にある。こちらは駅前ビルの1階。オフィス然としたたたずまい。教室もサイズを違えたものがいくつかある。1フロア下には、競合する他の教室が陣取っているとのこと。通ってくる子どもたちの数は約300人。「ごこう」よりは少し大きめである。

昨年の場合、A小には100人ほどが受験し、62人が合格したという。塾別にみた場合では、トップの数値である。先にみたように「ごこう」では53人が合格だったから、併せると115人となり、2つの塾からだけでA小の定員を超えてしまうことになる。なぜかわかるだろうか。つまり、両方の塾に通っている子がたくさんいる（＝合格者がダブルカウントされている）ということである。すなわち、A小に合格すべく、幼稚園児たちが2つの塾を「かけもち」している場合もあるということである。子どもたちも大変だが、世話をする保護者にとっても時間的・金銭的負担はかなりのものになるはずだ。

「やさしい」と評判の「ごこう」に比べ、ヘッズアップの特徴はその「きびしさ」にあると思われた。その象徴が偏差値の使用である。子どもたちのパフォーマンスを偏差値化し、それを指導に生かしている。森氏の言葉である。

大学受験、高校受験では、偏差値60以上あればたいがいパスしますけど、小学受験では行動観察や面接や、頭脳面だけでなく、他の要素が入ってくるのでね。だいたい100点とすると、ペーパーが3割、面接が3割ですかね。行動観察が2割ぐらい。あと2割が音楽や運動ですかね。下位の偏差値の子がポンと受かったりすることもありますね。

さすがに小学校受験に偏差値を使うという事態は、筆者には想定外だったが、ヘッズアップでは現にそうしている。そして、それぞれの要素に対する個別的な対応を授業のなかで採っている。ヘッズアップでは、年長さんの授業は120分。特に、行動観察と面接への対応に多くの時間を割いているという。たとえば、A小の行動観察に対する近年の対応としては、「ただ自分の主張をするだけでなく、譲り合う姿勢をみせなければならない」と子どもたちに指導しているという。「ここでは譲らなあかんよとか、他の子の意見を聞き入れるのも大事やでとか」。

教育熱心な親が減っている?

森氏の話のなかでもっとも印象深かったのは、「教育熱心な親が、この30年で減っている」という点であった。昔は熱心に授業に見入る親がたくさんいたが、今では少なくなり、塾任せになっていると。

特に幼児に関しては、親がある程度横について、話題提供してあげなかったら、自分からどうのこうのというのは少ないですよね。いかに、親がかかわって、うまく導いてあげるかだと思います。きちんとされてるお母さんの子どもさんはやっぱりすごくできるなって。塾には週に1回あるいは2回来るだけですので、なかなかぐっと伸びることは少ないですよね。毎日のフォローのあるご家庭とそうでないご家庭の差は出ていますよね。

ペアレントクラシーの高まりのなかで、教育熱心な層が増えてきているのかと思いきや、決してそうではない、逆にコアな層は減ってきているというのが森氏の見立てである。原因のひとつに「共働きが増えた」というのを挙げておられたが、やはりキーワードは「塾任せ」という言葉になるかもしれない。新自由主義のもとで、「教育は買うもの、選ぶもの」という志向性が顕著になっていることは確かである。しかしそのことが逆に、保護者自身の子どもへの日常的な、教育的働きかけをスポイルすることになるのかもしれない。

4章 学校選択制のいま

1 イギリスの教育は動いていた！

テストスコアに右往左往

学校選択制とは、子どもが通う公立の義務教育機関（具体的には、小学校と中学校）を選べる仕組みである。それは、新自由主義的教育改革の「本丸」といってよい施策・制度である。

日本でその先陣を切ったのは、東京都品川区である。２０００年度のことであった。なおその前々年に、三重県の紀宝町で全国初といってよい学校選択制が敷かれたという経緯がある。しかしそれは、過疎地対策としての色彩が強いものだったので、真の意味での小・中学校の学校選択制を採用したのは品川区だとみなしてよいだろう。要するに日本では、学校選択制は約20年の歴史をもつ制度である。

それに先立つ１９９０年代初頭、私はイギリスで在外研究に従事していた。２章でも述べたように、当時のイギリスは新自由主義的教育改革に揺れていた。学校現場では、漸次的に導入されつつあったナショナル・カリキュラムとナショナル・テストへの対応に忙殺されており、同じく新たに導入された学校選択制による児童生徒数の増減に一喜一憂する姿がみられた。端的にいうなら、そこは弱肉強食の世界であった。ある日の朝、タイムズとかガーディアンとかインデペンデントなどという全国紙に「リーグテーブル」が一斉に公表される。リーグテーブルとは、サッカーなどのスポーツにおけるリーグ戦の順位表のことであるが、この場合は、学校別のナショナル・テストの結果一覧のことを指す。その結果を大いに参考にして、保護者たちは子どもが通う小・中学校を選択するという構図が成立したのであった。テストスコアに右往左往するイギリスの小・中学校の教師たちの姿は、筆者の目には大変奇異なものに映った。１９８０年代までのイギリスの学校はきわめて「牧歌的」に語られることが多かったので、そのギャップは一層劇的なものに感じられた。

以来、イギリスの学校文化は、ずいぶんと世知辛いものになっている。すべての教育の成果が結局のところ数値に還元される形となっているために、それ以外の部分（数値化されにくい、みえない部分）は学校教育の中身からそぎ落とされ、業績志向・効率志向の価値観が幅をきかせるようになっている。すなわち、学校の「企業化」の傾向が著しいのである。それは、およそ30年にわたって新自由主義的な教育改革をすすめてきた結果である。当然といえば当然の結果だ。

教育は「子どもを含む関係性」がつくるもの

筆者自身の考え方を改めて述べておくなら、学校選択制には強く反対する立場である。小・中学校という義務教育機関は「校区制」を旨とし、その地域に住むすべての子どもたち（一部は「私立」や「国立」にすすむだろうが）が通う場所としたい。というのも、小・中学校での教育は、「選ぶ」ものではなく、「一緒につくる」ものだと思うからである。これは、理論上の立場というよりは、これまで長年にわたって学校現場とかかわってきた経験にもとづく「判断」である。新自由主義のモットーは、「教育を供給する側がよい学校をつくり、消費者（保護者と子ども）がそれを自由に選ぶ」ということにあるが、公立小・中学校の教育は、「子どもを含む関係者が協力して一緒につくっていく」ことにその真髄があると私は考えるのである。

以降本章では、2節で日本の学校選択制の草分けともいえる事例をみたあと、3節ではこの20年間におけるその消長の歴史を概観してみたい。その後4節では他からみてやや遅いタイミングでスタートした大阪市の事例について検討を加えたのち、最後の5節で学校選択制についてのまとめの考察を行いたい。

2　日本の学校選択制の草分け——品川区の事例

品川区の学校選択の実態

品川区では、当時の若月秀夫教育長の強力なリーダーシップのもとに数々の改革策が断行されたが、その中心にあるのが学校選択制であった。小学校では区を4つの地域に分け「ブロック選択制」を、中学校については区全域の学校を選択できる「自由選択制」を採用した。小学校をブロック選択制にしているのは、通学距離・時間をあまり長くしないことへの配慮である。

日本の学校選択制について、地道にデータを収集し、事例研究をすすめてきたのが嶺井正也氏のグループである。氏らによると、品川区における学校選択制導入初期5年間における「選択希望率」（入学者のうち、従来の指定学区以外の学校を希望した割合）は、小学校で13・4％→30・0％、中学校で17・4％→29・0％と増加した。学校のキャパシティの都合で希望者の全員が必ずしもその学校に入れたわけではなかったが、全体のほぼ3割が他校区の学校を希望するという実態が品川区に生まれたことになる（嶺井・中川２００５、34頁）。

図４－１は、区立の中学校について、５年間の動向をまとめたものである。図中の棒グラフの、黒色の棒はもともとの校区から「流出」した人数を、灰色の棒はそこに「流入」してきた人数を示している。一見して明らかなのは、「一貫して流出者の多い学校」と「一貫して流入者の多い学校」とのコントラストがはっきりしているということである。前者（＝不人気校）に該当するのは平塚・荏原第四・大崎・浜川・八潮南の各中学校、後者（＝人気校）に該当するのは戸越台・荏原第一・荏原第三・荏原第五・鈴ヶ森である。要するに、選ばれる学校と選ばれない学校の存在がくっきりと浮かび上がってきたのである。小学校についても、同様の結果が生じたということができる（同前書、32－33頁）。

選択の理由について、２００１年に教育委員会が実施した保護者対象のアンケート調査を

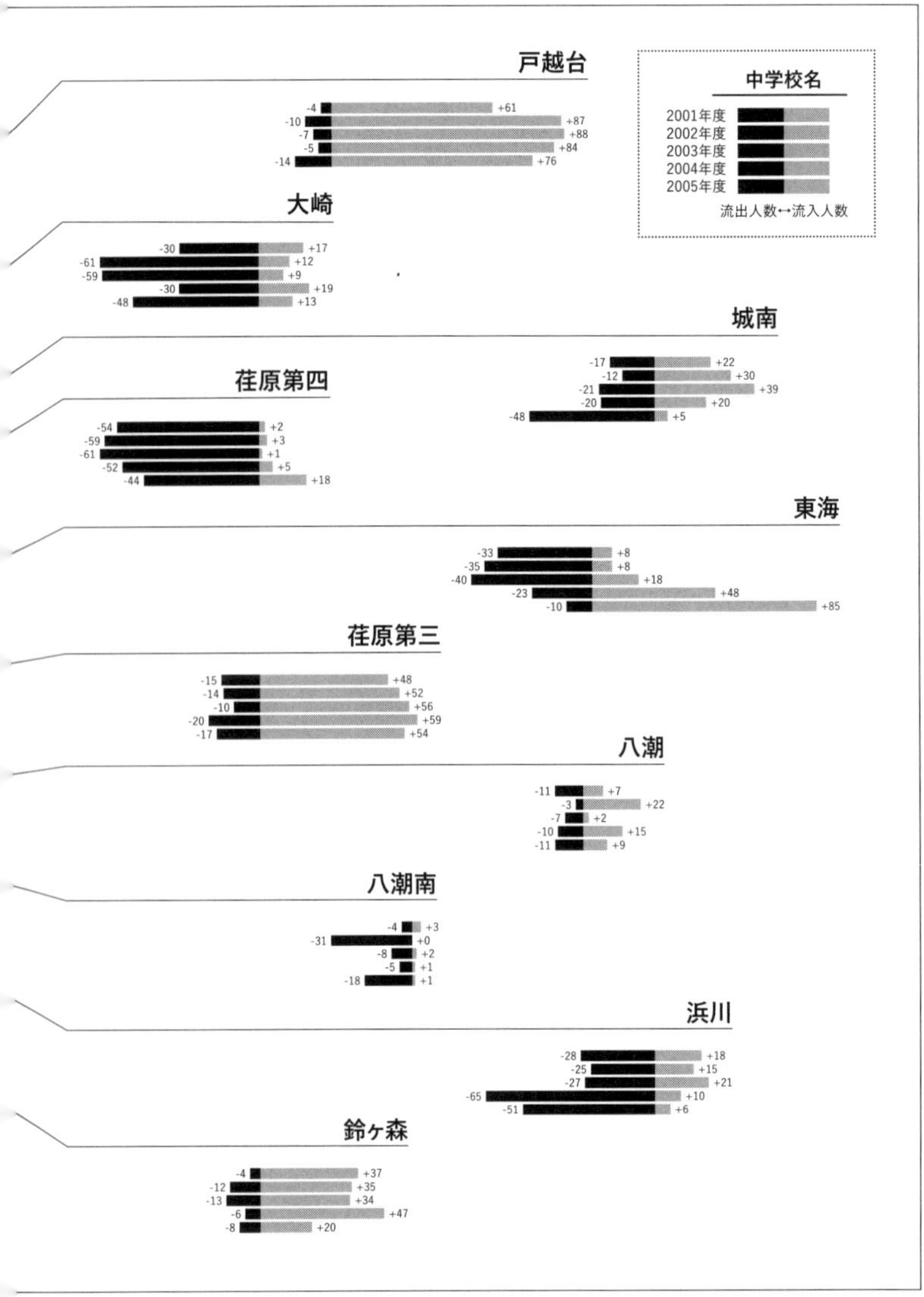

［出典］嶺月・中川（2005、36-37頁）

(図4-1)品川区立中学校 学校選択動向図(2001-2005年度)

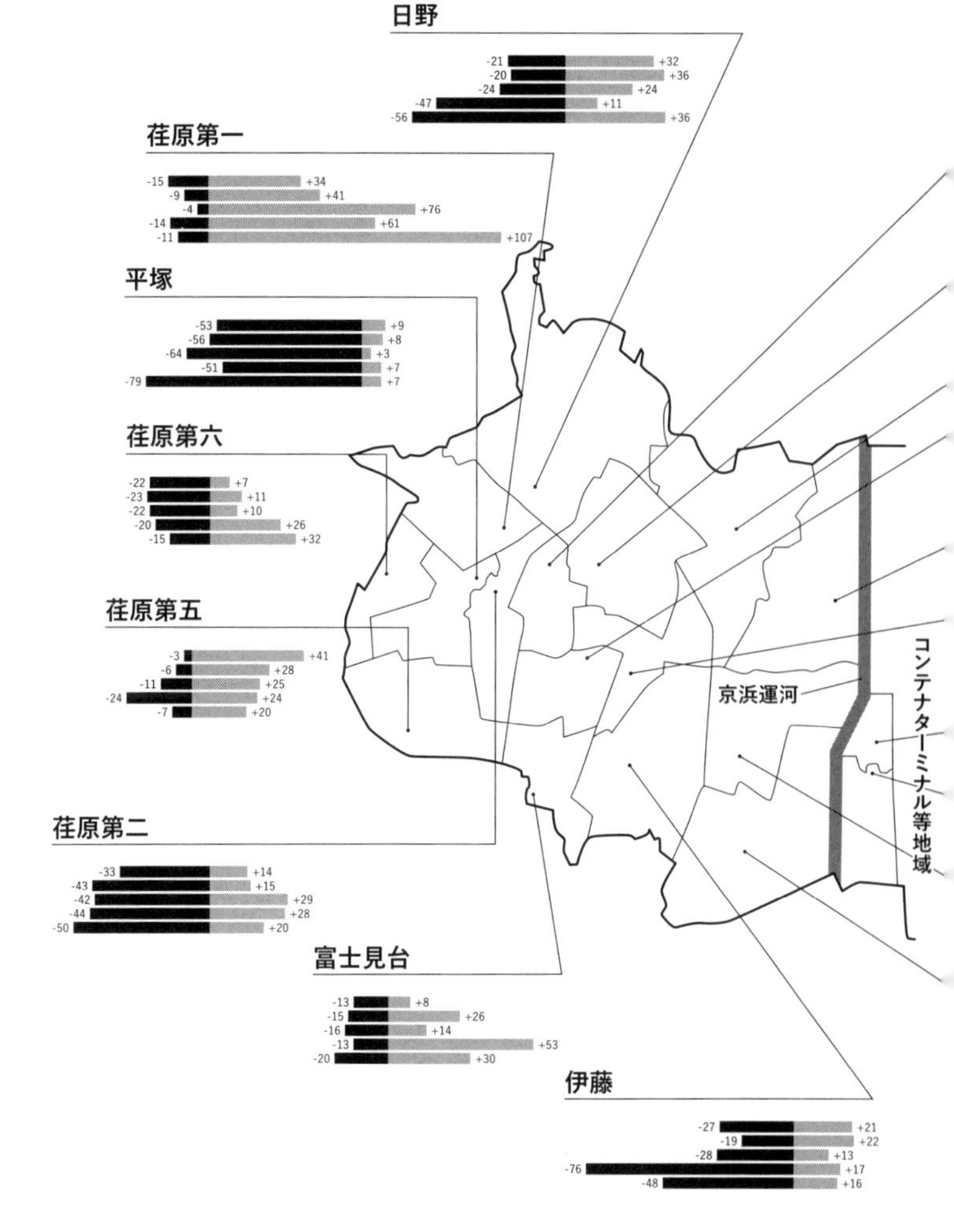

みると（複数回答）、もっとも重要な要因として挙げられているのが「学校の近さや通学のしやすさ」（71・4％）であり、「本人の希望を尊重して」（53・5％）、「子どもの友人関係」（48・6％）、「いじめや荒れがなく、生徒が落ち着いている」（47・6％）といった項目がそれに続く。導入時に教育委員会が強調したのは「特色のある学校づくり」であったが、アンケートの結果をみるかぎり「学校の特色」は主要な選択理由とはなっていない様子がうかがえる（同前書、38－44頁）。

人気校と不人気校に二分化

いずれにしても、制度発足当初から人気校と不人気校が生じたわけである。区全体で自由選択制となった中学校ベースでいうなら、１００人以上もの校区外からの進学希望者がいる学校が存在する一方で、その該当者はほぼ０人という学校が生まれた。後者のタイプの学校では、逆に校区外に流出する子どもの数は50人を超える場合もあった。嶺井は、次のように指摘する。

選択する保護者や子どもたちが学校を選択する時の理由や基準は、あまり、いや、ほとんど、「教育活動の特色」でない。プラスの選択要因にあがるのは「通学の便」、「立地の良さ」、「校舎の新しさ」、「伝統」、中学校の場合にはこれに「部活動」、「学力の高さ」などであり、一方、マイナスの選択要因としては「荒れの風評」、「小規模校」などである。プラスの要因となる「特色」は、学校の教職員が教育活動として独自に作り上げたものではない。（嶺井 2010、142頁）

「各学校が特色ある学校づくり・授業づくりをし、保護者・子どもがそれを選ぶ」という学校選択制の理念は、「絵に描いた餅だ」というのである。そして、容易に想像できることだが、いったんできあがった学校のブランドイメージ（マイナスのものも含め）は簡単に変えられるものではない。

不人気校が集まって小中一貫校に

2000年代の後半以降、品川区では2006年の日野学園（区北西部の第二日野小と日野中を統合して成立）を皮切りに、いわゆる小中一貫校の設立がすすんだ。この結果現在では、6つの小中一貫校（すべてが8章でふれる「義務教育学校」に移行している）が存在し、

31の小学校、9つの中学校と肩を並べて、公立の義務教育部門を構成するにいたっている。

校名をざっと眺めた印象で大ざっぱにいうなら、学校選択制導入期に不人気校となった小・中学校が整理されて小中一貫校（＝義務教育学校）になったかのようでもある。嶺井氏らは、「小中一貫校は、ある意味では形を変えた学校統廃合である」（嶺井・中川2007、41頁）、「学校選択制によって学校への就学者数の偏りが一層生じたのであり、それこそ学校選択制導入の真の狙いだったともいえるのではないか」（嶺井2010、55頁）などと主張する。現在日本じゅうで、子どもの数の減少を背景とする学校の再編整備（＝統廃合）が進行中である。学校選択制導入の「隠れた意図」としてそれがあったという見方は、あながち見当外れでもないだろう。ともあれ、これらの義務教育学校は、新たなブランドとして人気を博すようになっている。ということは、逆に新たな不人気校が生まれているはずである。学校選択制は、「子どもの奪い合い」を必然的に生じさせるのだ。

嶺井氏らとは別に独自のデータ分析を行っている研究者に佐貫浩氏がいる。氏の結論は、学校選択制は品川の公教育（小・中学校教育）の構造変容をもたらしているというものである。具体的には、次の5点を指摘する（佐貫2010、65−67頁）。

第1に、学校選択制は、「選ばれる学校」と「選ばれない学校」との格差を広げ、後者のなかには閉校や廃校にすら追い込まれる事態を引き起こしていること。第2に、「選ばれない学校」が「選ばれる」学校に転換することはほとんどなく、その格差は固定化していっていること。第3に、子どもたちの移動によって、地域と学校との関係がどんどん切り離されていくこと。第4に、個々の学校で転出入の割合が大きく異なり、学校経営・教育活動にとって大きな不安定要因となっていること。そして第5に、そうした事態が子どもたちに大きな負担をかけ、競争的な場としての学校イメージを強めてしまっていること。

逆に、品川区の学校選択制をプラスイメージで捉える教育研究者もいないわけではない。たとえば葉養正明氏は、「公立学校が見事によみがえった。昭和59年の臨時教育審議会以降繰り返し語られてきた公立学校の抜本的変化を生み出した」（小川 2009、47頁）と最大級の賛辞を送っている。この言葉が含意しているのは、「学校が経営努力をするようになった」という評価であろう。改革の主人公であった若月教育長（当時）も、次のような言葉を残している。「学校選択制の導入それ自体が目的ではなく、あくまでも経営論的発想に根強い抵抗感を示す学校の体質そのものを変えていくことが目的なのです」（嶺井・中川 2005、43頁）

確かに学校には「経営論的発想」に違和感・抵抗感を示す側面はあると思う。ただし、別に若月氏のいう経営論がなくても、公立小中学校はそれぞれが立地している地域や住民の状況に応じて、子どもたちのためにさまざまな工夫を行い、多大な努力を傾けてきたはずである。それをバッサリ切り捨ててしまうような議論には、筆者は与しない。

いずれにせよ、かつてサッチャー時代のイギリス教育界に出現した「弱肉強食の世界」が、21世紀の東京にも姿を現したのであるとみて間違いではなかろう。

3 学校選択制の盛衰

政令指定都市で進まない学校選択制

数多くの毀誉褒貶《きよほうへん》を伴いつつ、2000年のスタート以降、00年代半ばあたりまでは学校選択制を採用する自治体の数が順調に増えていった。その形態は、すでに述べた自由選択制やブロック選択制、あるいは隣接校選択制（校区は残したままで、隣接の校区の学校への入学を認める）、特認校制（校区は残したままで、特定の学校への選択を認める）など、さまざまである。

2006年に文科省が実施した調査によると、全国の地方自治体のうち、何らかの学校選択制を採用しているのが240自治体（全体の14・2%）、導入検討中が569自治体（33・5%）、非実施が887自治体（52・3%）という結果となった。全国の自治体の7つにひとつが学校選択制を採用しているという実態が明らかになったのである（文科省 2008）。嶺井氏らの分析によると、学校選択制を導入した自治体は、「人口規模10〜50万人の市」「地方の県庁所在地」「改革派の市長がいる市」で導入率が高く、人口規模の大きい「政令指定都市」では導入例は少ないという指摘がなされている（嶺井 2010、9〜14頁）。東京の区部についていうと、多くの区が選択制に踏み切ったが、北区・中野区・世田谷区・大田区では「地域に根ざした学校づくりを推進する」という立場から実施が見送られた。義務教育機関に対する自治体のリーダー層・教育行政担当者の考えが、学校選択制の採用を左右してきたと言うことができるだろう。

学校選択制を止めた共通の理由

前記調査の6年後の2012年にふたたび文科省が実施した調査によると、学校選択制の勢いはストップしたかの観がある。実施しているのは全体の15・2％に相当する234自治体にとどまり、廃止検討中というところも若干だが出はじめているのである（0・8％にあたる12自治体）。実際に、前橋市や長崎市、東京都江東区や多摩市などでは、いったん採用された学校選択制が廃止、あるいは大幅に縮小されることとなった。

たとえば、２００４年度に「市の中学校教育全体の充実・向上を図る」ことを目指して学校選択制を導入した前橋市では、２０１０年度入学生をもって選択制を廃止した。わずか７年間の短い「命」であった。その理由として、市教委は次の４点を挙げている。第１に、地域自治会・子ども会育成等、居住地域との関係の希薄化、第２に、登下校の安全確保の困難化、第３に、生徒数の偏りの存在、第４に、学校選択制導入の目的から外れた状況の存在である（武石２０１４、１８１－１８２頁）。前橋市では、学校選択制度を利用する家庭の数は漸増しており、それなりに学校選択制は市民の間では支持を集めていたようである。しかし市教委は、廃止を決定した。「ニーズに応えるというプラス面よりも、選択導入後に生じたマイナス面のほうが大きかったから」（武石前掲論文、１８２頁）である。

この市教委の指摘は不正確である、と筆者は考える。「（特色ある学校を選ぶという）ニーズに応える」という表現は、先にもみたように「絵に描いた餅」なのであり、右記引用中にあるマイナス面こそが、学校選択制利用者の「真のニーズ」であったと受け止めるべきであろう。公立学校を私教育的に活用しようとする利用者（＝市民）の動きを脅威に感じて、学校選択制という「新奇な提案」を早々に取り下げたというのが実際の姿なのではないだろうかとも推測される。

他の自治体における見直しの経緯も、この前橋市の場合と共通点がすこぶる多い。そして、見直しの理由として、自治体文書などで公式的に挙げられるのが、「不人気校の在籍者数の減少」「地域との関係の弱体化」「登下校時の安全確保の問題」などといった項目である。

２０１０年代に入ると、学校選択制を新たに採用する自治体はほとんどなくなった。現在では、それは一時の「流行」だったとさえいえるような雰囲気となってきている。学校選択制の「急先鋒」であった品川区ですら、２１０３年の若月教育長の退任以降、改革色は急速に薄らぎつつある。おりしも品川区教育委員会は、小学校の学校選択制を２０２０年度から修正する措置を採った。これまでの「ブロック制」から「隣接校選択制」(品川区では「新指定校変更制度」と呼んでいる)へと移行したのである。それを図示したものが、図４－２である。これによって、保護者が選択できる学校の数は減少するものの、小学校への通学負担は着実に少なくなり、安全面での配慮もずいぶんやりやすくなる。教育委員会は、現実的な措置を打ち出したと評価することもできる。ただし、中学校については依然として「自由選択制」が継続し、区内に在住する子どもたちは17の中学校(そのうちの6校は、制度的には「義務教育学校後期課程」と呼ばれる)から自分の行きたい学校を選択する形が残されることになる。

そうした状況のなかで、ユニークな位置づけをもつと思われるのが、大阪市の事例である。大阪市では、全体の流れに逆らうように、２０１４年度からの学校選択制を決めた。強いリ

（図4-2）品川区の学校選択制の見直し（中学校）

見直し前（ブロック内の全学校を選択可能）

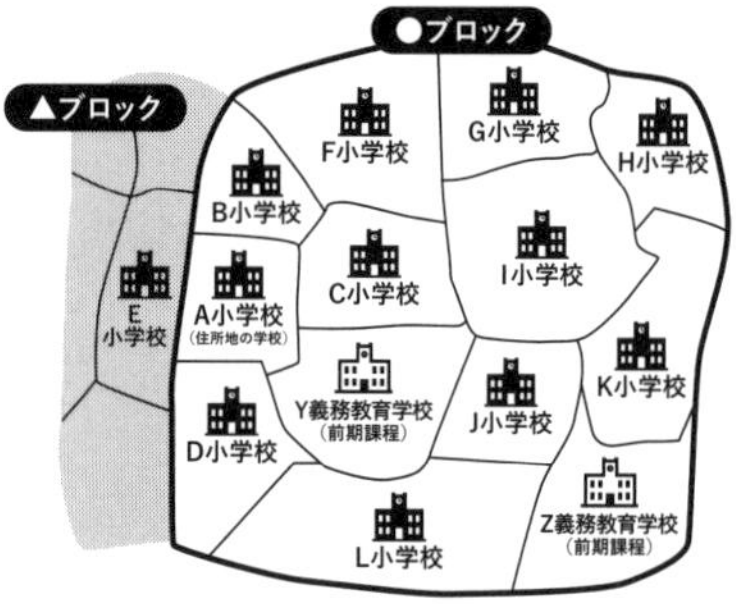

通学区域が属するブロック内（義務教育学校は区内全域）から
入学を希望する学校を1校選択

見直し後（隣接する通学区域まで選択可能）

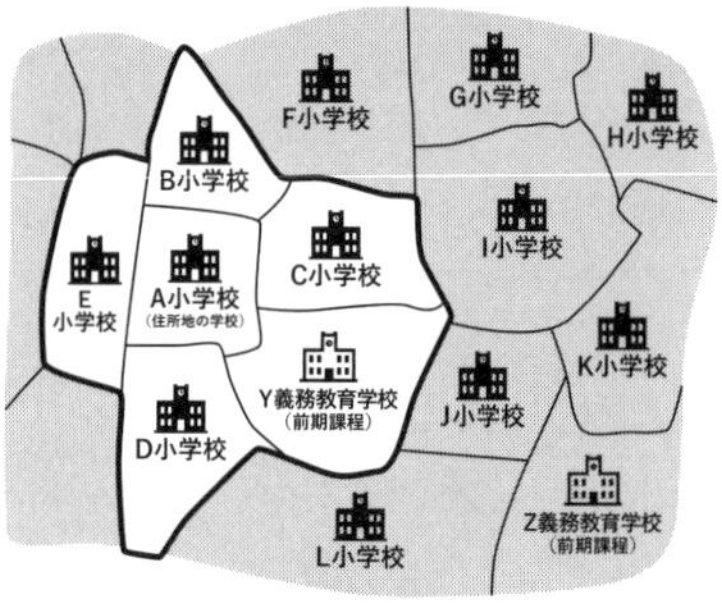

住所地の学校と、通学区域が隣り合っている（隣接している）
学校から入学を希望する学校を1校選択

［出典］品川区ホームページ「品川区立学校の学校選択制・通学区域が一部変わります」より

ーダーシップをふるったのが、橋下徹市長（当時）である。

4　遅れてきた大阪市?!

マイルドにされた大阪市の改革

かつての品川区の若月教育長と同様に、橋下市長も新自由主義的教育改革の熱烈な推進者であった。橋下氏が大阪市長になったのは2011年のこと。2008年からの府知事時代にも、教育基本条例を制定し、競争原理や成果主義を推し出した改革路線をすすめた（志水2012a）。その橋下氏が市長時代に実現させた教育施策の代表的なものが、民間校長の大量採用、そして学校選択制の導入であった。

当初、大阪市のような大都市には学校選択制はなじまないと考えられていた（嶺井・中川2007、11頁）。また、大阪市は古い伝統をもつ町であり、京都市などと同じように、地域住民は地元の小学校に強い愛着を有している。そうした特徴をもつ大阪市で、学校選択制の導入が断行されたのであった。

ただ、その施策は有無をいわせない形でトップダウン的に導入されたわけではない（滝沢２０１６）。熟議を経てまとめられた報告書をもとに教育委員会が示した方針は、「就学制度の改善について」というタイトルがつけられており、市長の方針がそのまま下りてきたわけではないことがわかる。「熟議『学校選択制』」という委員会が教育長によって招集され、５カ月のうちに計13回にわたって会合を開いた。委員は、ＰＴＡ代表３名、社会福祉協議会代表１名、学識経験者２名、公募委員６名、教育委員代表２名、区長代表２名、小学校・中学校校長代表４名の計20名である。そのなかで、学校選択制と学校統廃合は別の課題であること、学校選択制が唯一の選択肢ではなく、指定外就学の基準拡大も視野に収めるべきであること、小学校への選択制導入にはより慎重であるべきこと等が確認された。学校選択制は、大阪市民の合意を得やすいよりマイルドなものにアレンジされたとみることができよう（前掲書、１０６－１０８頁）。

２０１３年は準備期間に当てられ、２０１４年から学校選択制が順次導入されていった。大阪市の特徴は、市全体で一律の制度が運用される形は採らず、どのような中身の選択制が採られるかは、全体で24ある個々の「区」の判断によることとされた。「教育行政権限を与えられた区長の多くが（学校選択制の導入という）市長公約を実現したと言えるものの、その判断には多くの場合、熟議での慎重な議論・論点を踏まえる形になった」（前掲書、１０９頁）

ということができる。

積極的選択は少ない

表4－1をごらんいただきたい。これが大阪市の学校選択制の実績を示したものである。ちなみに大阪市でもっとも人口の多い区は平野区で約19万4、000人、もっとも少ない区は此花区で約6万5、000人である。また、学校数がいちばん多い区は同じく平野区で33校（小22校、中11校）、いちばん少ないのは浪速区で9校（小6校、中3校）である。全国的にいうなら、それぞれの区が中規模の「市」ぐらいのスケールと考えていただければよいだろう。

表から注目されるのは、次の2点である。

まず、24区の類型にかなりばらつきがあるという点である。小・中学校ともで「自由選択制を採っている区が10区あるのに対して、両方とも「隣接区域」制を採用している区も3つある。生野区は両方とも「ブロック選択制」を敷いている。また、他の10区は、小が「隣接区域」あるいは「ブロック選択」で、中が「自由選択」となっている。区の事情・判断によって、多様な形の学校選択が実現しているということである。

第2に、数値は学校選択をした（想定される校区外の学校に進んだ）子どもたちの比率を示しているが、その数値は、全体としてみると一ケタにとどまっているという点である（もっとも高い数値が、2020年小学校の9％）。つまり大阪市では、積極的に学校選択をする層がそれほど多くないという事実が存在しているのである。選択希望率が2〜3割の水準に達していた、学校選択制導入初期の品川区・杉並区・荒川区といった東京区部の状況（嶺井・中川 2007、第2章）と、大きな開きがある。教育は、選ぶものである、買うものであるという常識が根を下ろしているかにみえる東京と比べると、同じ大都市である大阪には、それとは異なる常識というか、価値観がいまだ健在であるようにも見受けられる。

ただ気がかりなのは、大阪市の学校選択制には、他の自治体にはない特徴があるということだ。すなわちその特徴とは、学力テストの結果の公表とセットになっていることである。大阪市では、2013年以来、各小・中学校の校長には、全国学力・学習状況調査の結果のHP上での公開が義務づけられている。テスト結果の公表と学校選択制の連動、これは1節でみた、イギリスの新自由主義的教育改革の中心ともいえる施策であった。2015年の橋下氏の政界引退以降、その路線を忠実に継承しているようにみえる松井一郎（現大阪市長）・吉村洋文（現大阪府知事）体制が目指しているのは、ある意味イギリス的な状況を大阪にもたらすことであろう。

（表4-1）大阪市の学校選択制と学校選択率（2014～2020年）

区名	学校選択制の類型（2020年度）		2014年度		2015年度		2016年度		2017年度		2018年度		2019年度		2020年度	
	小学校	中学校	小学校	中学校	小学校	中学校	小学校	中学校	小学校	中学校	小学校	中学校	小学校	中学校	小学校	中学校
北区	ブロック選択	自由選択		5.9%		6.5%	1.7%	8.4%	3.6%	6.5%	2.7%	6.3%	4.4%	6.1%	4.7%	5.1%
都島区	隣接区域	自由選択		2.5%	5.4%	3.0%	5.4%	4.2%	6.2%	3.8%	7.9%	2.8%	8.2%	3.3%	7.8%	5.3%
福島区	ブロック選択	自由選択		0.7%	2.9%	2.4%	2.6%	1.1%	2.4%	2.3%	3.2%	1.4%	4.1%	1.1%	4.9%	0.4%
此花区	自由選択	自由選択	4.1%	2.8%	6.9%	3.4%	9.2%	4.2%	13.2%	4.6%	15.6%	4.6%	15.0%	3.4%	21.7%	6.2%
中央区	自由選択	自由選択	4.4%	0.9%	5.1%	2.9%	5.8%	1.2%	6.3%	1.3%	7.5%	2.2%	7.5%	0.3%	8.3%	2.5%
西区	隣接区域	隣接区域		2.7%	3.6%	0.5%	2.5%	2.3%	3.2%	2.0%	3.5%	2.2%	4.4%	3.6%	4.8%	1.0%
港区	隣接区域	自由選択		4.0%	3.8%	2.3%	3.3%	4.9%	4.2%	8.9%	6.6%	9.6%	7.1%	15.5%	7.4%	13.3%
大正区	自由選択	自由選択			4.5%	1.7%	8.6%	3.3%	9.6%	4.1%	13.9%	8.4%	12.2%	7.6%	14.0%	8.8%
天王寺区	隣接区域	自由選択			2.2%	0.4%	4.5%	2.0%	6.3%	1.3%	6.8%	0.7%	6.9%	2.2%	5.2%	0.6%
浪速区	自由区域	自由選択										7.9%	11.5%	7.3%	10.3%	9.0%
西淀川区	隣接選択	自由選択	4.8%	0.8%	6.9%	1.6%	6.6%	3.6%	8.1%	3.5%	9.6%	1.8%	9.9%	3.1%	10.0%	4.3%
淀川区	隣接区域	隣接区域	5.1%	2.9%	5.5%	2.6%	7.0%	1.9%	10.0%	3.5%	11.7%	3.2%	11.9%	4.1%	12.2%	5.1%
東淀川区	自由選択	自由選択			5.4%	4.4%	4.9%	4.3%	7.1%	5.1%	7.2%	5.4%	9.6%	4.0%	9.7%	4.4%
東成区	隣接区域	自由選択			2.5%	0.4%	2.9%	0.5%	5.4%	2.2%	5.7%	2.3%	8.1%	3.9%	10.1%	3.4%
生野区	ブロック選択	ブロック選択				7.6%		6.1%		3.3%		6.8%	8.8%	10.9%	6.3%	10.0%
旭区	隣接区域	隣接区域	3.3%	3.3%	5.1%	7.3%	4.5%	4.7%	6.3%	7.0%	11.4%	8.1%	12.6%	9.6%	10.3%	9.4%
城東区	隣接区域	自由選択			3.3%	1.7%	3.5%	1.1%	5.1%	1.2%	5.1%	1.8%	6.6%	1.9%	6.5%	2.1%
鶴見区	自由選択	自由選択		2.1%	2.9%	1.7%	2.9%	2.4%	2.9%	2.8%	3.8%	3.0%	4.7%	3.1%	3.8%	2.9%
阿倍野区	自由選択	自由選択			5.0%	1.2%	4.1%	1.6%	5.4%	2.4%	4.6%	3.2%	6.3%	1.7%	8.0%	3.2%
住之江区	自由選択	自由選択			2.9%	4.5%	4.5%	6.6%	5.5%	5.6%	6.2%	8.5%	8.4%	12.4%	10.6%	8.8%
住吉区	自由選択	自由選択	7.3%	5.3%	8.6%	5.6%	11.5%	7.8%	13.5%	7.5%	12.1%	7.6%	14.8%	8.8%	15.3%	10.8%
東住吉区	自由選択	自由選択			2.9%	1.2%	4.7%	1.3%	5.3%	1.7%	5.7%	2.5%	6.5%	3.7%	7.0%	3.2%
平野区	隣接区域	自由選択			3.5%	3.6%	4.4%	3.2%	5.3%	5.3%	7.6%	5.3%	8.3%	6.6%	9.6%	10.5%
西成区	隣接区域	自由選択			8.8%	5.9%	13.6%	10.3%	10.4%	7.8%	14.8%	8.7%	18.3%	10.4%	16.9%	15.5%
計			5.1%	2.9%	4.6%	3.1%	5.3%	3.7%	6.5%	4.1%	7.5%	4.7%	8.7%	5.5%	9.0%	6.0%

［出典］筆者が大阪市教育委員会で得た資料より

しかしながら、現状をみると、大阪市の状況は、かつて私がイギリスで経験したほどの「狂乱状態」とはほど遠いものである。その証拠に、表4－1に示されている学校選択率は、微増傾向にはあるといえるが、それほど顕著に上昇してはいない。大阪市民の「常識」というか、ある言い方をするなら「無関心」が、事態の悪化を抑止していると表現することができるかもしれない。ただし、学校現場へのプレッシャーはやはり大きなものがあるようだ。大阪市の教師たちと接すると、他の自治体の教師たちにはないストレスというか、力の入り加減を感じさせられることが多い。上からの「しばり」の強さのせいで、どうも伸びやかさに欠ける対応をせざるをえないのかもしれない。

現場からの「反作用」

『検証 大阪の教育改革』（志水 2012a）で書いたように、橋下知事時代に制定された教育基本条例に対して、中西正人教育長をはじめとする大阪府教育委員会事務局が「盾」となり、それをできるだけ「現場」に受け入れやすいものにアレンジしたという歴史が、大阪にはある。同様に大阪市においても、先にふれた「熟議」の例にみられるように、政治リーダーが示す強い力（「作用」）とそれが生み出す現場からの必然的な「反作用」を教育委員会が緩衝材となり、うまく吸収したわけである。

「学校選択制のメリットは何ですか」という筆者の問いに対して、大阪市教委で学校選択制を管理運営している部門のある担当者は、次のように答えてくれた。

保護者からの希望調書の中に校区の学校に行きたくない理由を書く欄があるんですよ。事情によって学校を選べるという点でいうと、そこは絶対正解やと思います。極端な話、親同士のトラブルであるとか、子ども同士のトラブルがあるときに、普通ならそんな理由でよそへは行けませんよというのが、学校選択制であれば行けるということですね。理由の公表はしませんけどね。

親のトラブルは別として、子ども同士の人間関係のトラブルを解決に導くことこそが学校の務めだと筆者などは思うが、「すべてのトラブルを学校が解決せよとなると、学校もまた疲弊してきますよね。分かれてくれれば、学校はかかわらなくて大丈夫ということになります」とのクールなコメント。確かにそういう側面はあるかもしれない。いずれにせよ、2021年度末には大規模な保護者アンケートが実施され、学校選択制に対する抜本的な見直しが図られるとのことである。そのゆくえが注目されるところである。

5 考察――根づかなかった学校選択

教育の「公共性」を損なう施策

これまでの議論を整理しておこう。

2000年の品川区を皮切りに、学校選択制は一挙にかなりの自治体で採用されるようになった（数値的にいうなら、十数％という水準）が、10年も経たないうちにそれは下火となり、見直し・廃止を決めた自治体がいくつもある反面、2010年以降採用を決めた自治体は大阪市ぐらいである。学校選択制は日本ではあまり根づかなかったというのが、現時点での総括となる。

ただし、本章で言及した少数の研究者を除いては、現行の学校選択制に対して強く異議を申し立てる声もほとんど出ていない。初期の品川区では30％程度の水準で子どもたちが移動していたが、大阪市の事例でみたように多くの自治体ではその比率は10％程度にとどまっている。すなわち、学校選択制が維持存続している多くの自治体では、小・中学校を選択するのは一部の保護者・家庭にとどまっているというのが現実である。

学校選択制が取り入れられるようになる前の時期、すなわち1990年代半ばに、教育学の分野でその導入の是非をめぐって激しい議論がたたかわされたことがある。論者の名前をとって、それは「黒崎・藤田論争」などと呼ばれることがある。

学校選択制に対して積極的な意義をもっと肯定したのが、教育行政学者黒崎勲氏である。黒崎氏は、学校選択制の導入によって消費者（保護者）に教育の主導権が移り、教育の場はこれまでの官僚制支配を脱し、多様で満足度の高い自立的な教育システムが実現する可能性があると説いた。他方、慎重論を展開したのが、教育社会学者の藤田英典氏である。藤田氏は、学校選択制は利用者（保護者）に好きなように使われ、その結果として、利用者の階層文化が学校選択パターンを通じて直接的に教育内容と結果に反映されるようになり、階層再生産が助長されるとした。黒崎氏が重視するのは、保護者のイニシアチブである。それによって、国家の権限を弱め、住民参加型の学校教育を構築しようと考えたのである。他方藤田氏は、それは危険だと考えた。「教育を選ぶ」層の自由を強調しすぎることが、教育の公共性を損なうことにつながると主張したのである（加藤 2011）。

教育社会学者としての筆者の見解は、当然というべきか、藤田氏のものに近い。1章で、教育には私的財としての側面と公共財としての側面がある、と述べた。その言葉を使うなら、保護者の自由を尊重することで教育の公共財としての価値が高まると黒崎氏はいいたいのだろうが、それは「机上の空論」といわねばならない。選択の自由の偏重は、「教育を選ぶ」層の私的財をもっぱら増加させ、逆に教育の公共財としての「よさ」を損なう方向に作用するとしか思えない。端的にいうなら、学校選択制で「得」をするのは「教育を選ぶ層」のみであり、そのこと自体が社会全体の「公共の福祉」にとってはマイナスになると考えるのである。

人種統合や格差是正と学校選択制の関係

本章の冒頭で、イギリスの学校選択制について述べた。学校選択制を採っているのは、何もイギリスだけにとどまらない。たとえばフランスは、日本と同様にきわめて中央集権的な教育システムを有している国であるが、２００７年に「学区制の撤廃」を公約に掲げたサルコジ氏が大統領に選ばれた際に、学校選択制が大幅に取り入れられた経緯がある（園山 ２０１２）。サルコジ氏が唱えたのは、「教育不平等の解消」である。すなわち、「自由に学校を選ばせることで学校間格差を縮小しよう」と試みたのである（前掲書、ⅱ頁）。率直にいって、学校選択制でなぜ格差が縮まるのか、筆者には理屈がよくわからない。パリなどの大都市圏では、社会階層的にも学力的にも、「学校の二極化の拡大」が観測できるという（前掲書、２１８－２１９頁）。

学校選択制の歴史は、おそらくアメリカでいちばん長いと思われるが、そもそもアメリカで1960年代後半からそれが採られるようになったのは「人種統合」という目的を果たすためだったようだ（成松 2010、4頁）。「バス通学（busing）」とか、「マグネットスクール」といった施策である。前者は、各学校の人種構成を一定の割合にするために、校区の学校（アメリカでは「近隣学校」という）以外の公立学校への進学を認め、スクールバスで通学させるというもの、後者は、教育方法や芸術・スポーツ・音楽・科学などの教育内容に特徴をもつ学校をつくり、特色ある学校を選択してもらおうとするものである。1980年代以降では、学力向上や教育の質的向上のための政策を基軸にして、近隣学校の一般的形態を変えるような方向でさまざまな種類の学校選択制が模索されてきた（前掲書、5頁）。だが、さまざまな工夫は、人種統合や社会的格差の是正、あるいは全体的な学力向上などといった目標に、今のところ十分に応えることはできていないようである（前掲書、4章）。

人種・民族や社会階層の統合およびそれらの間の不平等の是正に学校教育がどのぐらい寄与しうるかというテーマは、きわめて論争的かつ重要なものである。フランスやアメリカでは、それらの課題に答えるべく学校選択制が採用されたという経緯があることが見て取れる。しかしながら、日本の現状では、そうした観点から事態を捉えるためのデータが決定的に欠落している。「ない」のである。本章で扱った品川区や大阪市のデータをみても、学校選択をした子どもの人数はわかるが、それが一体だれなのか（たとえば富裕層か貧しい層か、日本人か外国人かなど）は一切わからない。わかるのは、その制度を利用したのが何人（何％）かということだけである。つまり、日本で学校選択制導入の誘因となったのは、「学校が選べるのはよいことだ」という素朴な観念であり、そこに社会諸集団の統合や社会的不平等の是正といった動機はそもそも見て取れない。

しかし、「学校の二極化」を主題とする本書のスタンスからすると、学校選択制の適否を何らかの尺度で検討しなければならないと思う。その主要な切り口が「学力」である。すなわち、「学校選択制の採用が学校間の学力格差を招いているか」という問題が検証されなければならない。利用できるデータはごく限られているが、そのトピックは「学力格差」をテーマとする次章で改めて扱うこととしたい。

5章　小中学生の学力格差——学校間格差の顕在化

1　「学力の二極化」から「学校の二極化」へ

あぜんとする横浜市の学校間格差

筆者らの研究チームが、経年的な調査結果にもとづいて子どもたちの学力の「2こぶラクダ」化を指摘したのは2002年のことであった(苅谷他 2002)。1989年の第1回調査では、学力テストの点数のばらつきは「1こぶ」の形状が一般的だったのに対して、2001年の第2回調査では、いくつかの局面で二極化にあたる「2こぶ」の形がみられるように

（表5-1）全国学力・学習実態調査・横浜市の結果（2007年）

	正答率（%）	都道府県別正答率順位	市最高（平均点）	市最低（平均点）
国語				
小・国語A（知識）	70.3	26	84	46.2
小・国語B（活用）	53.4	9	82.2	27.9
中・国語A（知識）	76.0	41	84.7	57.2
中・国語B（活用）	73.5	39	85.8	48.8

	正答率（%）	都道府県別正答率順位	市最高（平均点）	市最低（平均点）
算数・数学				
小・算数A（知識）	80.3	11	91.5	63.1
小・算数B（活用）	59.4	2※	72.6	34.5
中・数学A（知識）	63.4	21	79.9	35.6
中・数学B（活用）	58.1	18	74.8	32.9

※秋田に次いで2番目。［出典］横浜市教育委員会『横浜市学力向上プログラム』2010年

なっていたのである。そして私たちは、当時さかんに議論されていた「学力低下」の実体は、「学力格差の拡大」（＝2こぶラクダ化）である、と結論づけたのであった。それ以来、長きにわたって学力格差の実態解明とそれを克服するための手立ての探究を試みてきた。その成果をまとめたのが、2020年夏に出版した『学力格差を克服する』（ちくま新書）である。

その本のなかでも紹介しているが、2007年に文科省が全国学力・学習実態調査をスタートさせたときの横浜市の結果をみたとき、筆者は驚愕した。その結果が、上の表5－1である。あまりの学校間格差の大きさに、あぜんとするしかなかった。

かつて日本の小学校は、「金太郎飴」と称されるほどに均質的な、しかも質の高い教育を施して

いる、と国際的に評価されたものである（カミングス 1981）。他の国々と比較すれば、依然として現代においてもその特徴はかなりの程度維持されているようにも思えるが、この表にある横浜市の数値は、そうした常識とは相いれない相貌を呈している。とりわけ極端なのが、小学校国語のB（活用）問題である。市の最高値が82・2点なのに対して、最低点は27・9点。ほとんどトリプルスコアといっていいほどの「格差」がそこにあるのだ。おそらく最低点をとった小学校は、外国につながりのある子どもたちが急激に増えてきた学校であると推測される。とはいえ、平均点が約28点とは、あまりにも低すぎる。かたや平均点が82点を超える小学校があるときに、である。

横浜市は東京23区を除くと、日本一の大都市である。人口は約380万人、小学校の数は、分校を併せると340校となる（2020年現在）。340校もあれば、いろいろな小学校があるのは当然である。しかし、「82対28」という差はあまりにも大きすぎないか。「学校の二極化」という本書の切り口は、そもそもこの表をみたときに芽生えたものである。

ダブルスコアの開きのある大阪市の小学校

次にみるのは、大阪市の数値である。筆者が入手したのは、2014年度の全国学テの結果である。小学校では、4科目（国語A、国語B、算数A、算数B）の得点を単純に足したものを合計点とすると、最高点をとった小学校は城東区にあり321・8点である。逆に、最低点をとった小学校は浪速区にあり148・9点となっている。後者の得点は前者の半分にも満たない（46・3％）。同じように中学校についてみると、最高点は此花区にある公立の中高一貫校であり318・8点、最低点は東住吉区にある中学校で170点。後者の得点は前者の5割をかろうじて超える53・3％である。

要するに大阪市では、「できる」学校と「できない」学校とでは、ダブルスコアぐらいの開きが生じているということである。2014年以降大阪市では学校選択制が採られるようになっており、そのことによる学力の学校間格差の拡大が懸念されるところである。その問題については、本章の5節で検討を加える。

小中学生の学力格差というテーマに話を戻そう。私たちが問題提起をしたのは2002年だった、と冒頭に述べた。そこからおよそ20年が経過しているが、その間の変化をどのように捉えることができるだろうか。

まず、私たちが大阪府内で実施した調査の結果を改めて紹介しておこう。先に述べた第1回（1989）、第2回（2001）調査と同じ問題を、同じ対象校で第3回調査として2013年に実施した。その結果をまとめたものが、『マインド・ザ・ギャップ！』という著作である（志水・高田 2016）。その結論をひとことでいうなら、子どもたちの学力水準・学力格差は「ゆるやかな回復」状況にあるというものであった。1989年の時点での子どもたちの学力と比較すると、2001年の子どもたちのそれは「2こぶラクダ」化の進行のせいでずいぶん落ち込んだ。しかしながら、2013年の時点では、かなり改善された状態になっていたのである。その結果に大きく貢献したと考えられるのが、2003年からの文科省の「たしかな学力向上」路線であり、そのもとで展開された各自治体・学校における学力向上の取り組みであった。たとえていうなら、2001年の「健康診断」でかなり悪化した「数値」が、それ以降の節制や改善努力のゆえに何とか平常値に回復したようなものだ。

では、それ（2013年）以降はどうなっているのか。また、2020年はじめからの新型コロナウイルス禍によって学力格差は拡大する傾向にあると予測されるが、実際のところはどうなのか。残念ながら、それらを検証するに足る確かなデータは今のところ提出されていない。そもそも毎年実施される全国学力・学習状況調査は、経年比較ができるような設計にはなっていないため、学力格差の変化の趨勢を検証することは困難である（川口 2020）。

学力格差の拡大・縮小は未確定

ただ近年では、子どもたちの学力格差について検討を加えた著作の出版が目白押しである（中西 2017、松岡 2019、川口 2019a、志水 2020など）。それらにおいては、学力の「階層間格差」「地域間格差」などがテーマとして扱われており、さまざまな興味深い事実が明らかにされはじめている。他方で、PISAとTIMMSという国際学力テストが定期的に実施されており、国際比較の観点からみた場合の、日本の子どもたちの学力の動態を知ることができる。

たとえば川口俊明氏は、「学力の拡大・縮小に関する分析」（川口 2019b）と題する論文において、PISAとTIMMSという2つの国際学力調査のデータをもとに、2000年以降の日本の子どもたちの学力格差の変化について検討を加えている。日本の学年でいうと、TIMMSは小4と中2、PISAは高1になったばかりの生徒たちを対象にした学力テストである。結果は、「学力格差の拡大傾向はTIMMSの第8学年（中学2年生）でのみ明らかに認められた。ただし、この傾向はTIMMS第4学年やPISAの結果から読み取ることは難しい」（川口 2019b、121頁）というものである。氏は、格差をみるときの指標の取り方や計算方法の違いが結果に影響を与える可能性を示し、「今あるデータから結論を出すことは難しいので、今後のTIMMS・PISA調査における日本の平均値や学力格差の推移を今後も見守る必要があるだろう」(川口前掲論文、121-122頁)と指摘している。

子どもたちの学力格差が拡大しつつあるのか、縮小しつつあるのか、まだ確たることがいえないのが現状である。

2 「2こぶラクダ」化の克服──「効果のある学校」の存在

学校の二極化を押しとどめる「効果のある学校」

冒頭にふれた第2回調査の第1の知見が「2こぶラクダ化」の進行であったとすると、そこで見出された第2の知見が「効果のある学校」の発見であった。本項では、それについてみておくことにしょう。

「効果のある学校」研究とは、1980年代のアメリカにおいてスタートした実践的研究の流れである。「教育的に不利な環境のもとにある子どもたちの学力を下支えしている学校」というのが、「効果のある学校」の定義である(鍋島 2003)。言い換えるなら、「2こぶラクダ」の出現を抑止しているのが、「効果のある学校」であるといえる。わかりやすくいうなら、「しんどい」環境のもとで暮らしている子どもたちの学力の下支えを行うことによって「学力の二極化」、ひいては「学校の二極化」への趨勢を押しとどめている貴重な存在が、「効果のある学校」なのである。

欧米の「効果のある学校」研究の流れを参考にしながら、筆者はこれまでいくつもの調査研究に従事してきた。本書の文脈で特に思い出深いのが、2006～07年度にお茶の水女子大学グループ（代表：耳塚寛明教授〔当時〕）が文科省から委託されて実施した、「教育格差の発生・解消メカニズムの調査研究」と題された調査である（ベネッセ教育研究開発センター・お茶の水女子大学共同研究 2009）。そのなかで筆者は、「効果のある学校」研究の枠組みを使った分析を担当した（志水 2009a）。その結果見出されたのが、以下のような事実であった。

表5－2が、分析結果を要約したものである。対象となったのは合計で42の小学校、A～Gは対象となった都道府県である。「児童数」は調査を受けた当該校6年生の人数、「全体」は正答率（国語と算数の平均点）を表している。それ以降の欄が、分析のポイントである。この調査では保護者に対するアンケートを実施し、そこには「母親の学歴」「世帯収入」「通塾の有無」といった情報が含まれていた。「母学歴」については「高卒まで」と「短大以上」、「収入」については「500万円未満」と「500万円以上」、「通塾」については「非通塾」

（表5-2）「効果のある学校」の分析

学校	児童数（人）	全体	母学歴		収入		通塾		学校効果	学校背景
			高卒まで	短大以上	500万円未満	500万円以上	非通塾	通塾		
A-1	83	62.7	40.7	74.5	40.0	58.8	53.8	66.7		1
A-2	37	77.8	60.0	90.5	66.7	86.7	66.7	93.3	○	1
A-3	19	68.4	61.5	83.3	40.0	100.0	64.3	80.0		3
A-4	11	63.6	100.0	50.0	—	100.0	66.7	50.0		2
B-1	64	75.0	59.3	86.1	50.0	76.7	56.7	91.2		1
B-2	81	58.8	55.6	68.8	55.2	61.8	55.6	64.7		3
B-3	128	74.8	66.7	81.8	63.3	80.0	69.1	84.8	○	2
B-4	62	61.3	59.3	65.6	65.2	50.0	63.6	55.6		3
B-5	47	80.9	75.8	92.3	88.9	82.6	78.8	92.3	○	3
B-6	59	69.5	66.7	76.2	70.0	62.5	62.2	81.8	○	3
B-7	24	58.3	50.0	100.0	45.5	66.7	55.0	75.0		3
B-8	45	70.5	61.3	91.7	61.1	82.4	66.7	78.6	○	3
C-1	49	55.1	33.3	66.7	50.0	52.6	40.0	70.0		1
C-2	114	74.5	67.5	78.1	35.7	82.7	65.4	77.6		1
C-3	100	83.8	54.5	86.7	50.0	81.3	75.0	84.6		1
C-4	139	78.7	66.7	87.6	57.9	74.5	57.7	83.5		1
C-5	114	82.1	70.0	88.9	84.6	77.6	65.0	85.9	○	1
D-1	25	92.0	84.6	100.0	77.8	100.0	93.3	88.9	○	3
D-2	38	56.8	44.4	70.6	64.3	60.0	41.7	83.3		3
D-3	74	62.2	52.8	73.0	54.2	60.6	70.3	57.1		2
D-4	31	76.7	68.8	84.6	71.4	73.3	66.7	91.7	○	2
D-5	51	64.0	52.2	77.3	45.5	75.0	60.0	68.8		1
D-6	35	65.7	50.0	76.2	60.0	64.7	63.2	73.3		1
D-7	62	64.5	56.3	73.1	50.0	60.0	54.2	71.1		2
D-8	10	80.0	75.0	83.3	80.0	50.0	100.0	75.0		2
E-1	35	68.6	73.3	70.6	75.0	70.0	57.9	81.3		3
E-2	51	76.5	63.2	90.0	81.3	84.2	66.7	85.2	○	1
E-3	40	64.9	76.9	60.0	50.0	58.8	70.8	50.0		2
E-4	74	77.0	62.1	87.8	62.5	82.9	75.7	77.8	○	2
E-5	47	61.0	52.9	69.6	50.0	90.0	50.0	76.5		3
E-6	51	82.4	83.3	81.5	81.8	88.9	72.4	95.5	○	3
E-7	87	57.0	53.7	59.5	53.6	51.4	59.1	56.1		2
E-8	90	43.3	31.3	57.5	39.5	33.3	42.4	46.3		2
E-9	59	54.4	51.4	61.9	45.8	68.8	47.1	65.2		3
E-10	49	63.3	55.0	70.8	50.0	65.0	44.4	68.4		1
F-1	57	66.7	52.2	75.0	64.7	71.4	65.4	69.0		2
F-2	73	69.0	62.1	75.7	75.0	72.7	63.4	76.9	○	2
F-3	25	60.0	70.0	50.0	66.7	62.5	56.3	75.0		2
F-4	23	60.9	50.0	70.0	20.0	57.1	54.5	63.6		2
G-1	140	71.2	59.6	78.5	65.5	73.2	72.7	72.4		2
G-2	78	61.5	44.1	73.8	33.3	69.4	57.7	69.2		2
G-3	52	69.2	75.0	65.7	70.6	65.0	64.0	74.1	○	1
合計	2,533	68.7	59.0	77.3	58.3	70.5	62.7	75.0		

（注）○印のついている学校が「効果のある学校」（＝すべてのカテゴリーの数値が60％以上）

［出典］ベネッセ教育研究開発センター（2009、79頁）

と「通塾」に分けた。併せて6つあるカテゴリーのすべての「通過率」が6割以上に達している場合、その学校の「学校効果」を「◯」（効果あり）とした。「不利な環境のもとにあると思われる子どもたち（「高卒まで」「500万円未満」「非通塾」グループ）の通過率も、一定以上の水準に到達させている」という意味である（なお、この分析に用いた通過率は「50点」であった）。最後に、いちばん右端にある「学校背景」という指標について説明しておくと、「学校背景」が「1」という学校は、「高収入で、母学歴も高く、通塾もさかんな学校」のことであり、逆に「3」という学校は、「収入・母学歴・通塾率とも高くない学校」を意味する。

「学歴、収入」不足家庭を補う学校の力

説明がやや煩雑になってしまったが、おわかりいただけただろうか。ここで特に注目していただきたいのは、B県とC県との対比である。B県は東北地方の県であり、C県は首都圏に位置する県である。B県では、8校中4校が「学校効果あり」、すなわち「効果のある学校」であるという判定となっている。そしてそれらの学校の「学校背景」はおしなべて高くない（「2」が1校、「3」が3校）。それに対してC県では、5校いずれも学校背景が「1」（す

なわち恵まれたタイプの学校）であるのに対して、「学校効果あり」と判定された学校は1校しか出てこなかった。

これをわかりやすくパラフレーズすると、次のようになる。すなわち、東北のB県では、収入や親の学歴がそう高くなくても、学校における指導で多くの子どもたちが一定以上の水準の学力をつけやすいのに対して、首都圏のC県では、恵まれた家庭環境のもとにある子どもたちが多く存在するものの、一方できびしい環境のもとにある子どももおり、彼らのギャップが大きいために全体として「効果のある学校」となりにくい、と。

B県の「効果のある学校」の子どもたちとC県の「効果なし校」の子どもたちの質問紙調査の結果を比較してみると、以下のような興味深いポイントが浮かび上がってきた（志水 2009c、82－87頁）。

(1) 前者の家庭学習時間は「1時間ぐらい」が圧倒的に多いのに対して、後者のそれは「ほとんどしない」から「3時間以上」まで大きくばらついている。

(2) 前者の通塾率は低く、スポーツを習っている子が過半数に達するのに対して、後者の通塾率は5割程度に達し、音楽や英語を習っている子が比較的多い。

(3) 前者の方が、「勉強の内容をわかりやすくノートにまとめている」「苦手な教科もわかるまで勉強する」「先生は私の気持ちをわかってくれる」「先生は私に期待をかけている」といった項目に対するポジティブな回答が多い。

学力上位に位置する日本海側各県

２００７年に初めて実施された全国学力・学習状況調査の結果が明らかにされたとき、上位に位置する自治体のほとんどが日本海側の各県であったことに驚いた人も多かったはずである。筆者自身がそうであった。今から半世紀前の昭和の時代には、全国テストの上位には都市圏に属する自治体が並んでいた。その序列が、ものの見事に覆っていたのである（志水２００９b）。

現代の日本では、B県のような環境のもとにある小中学生が好成績を収める状況が続いている。誤解を恐れずにいうなら、B県のような地域では、子どもがふつうに学校生活を送ると「効果のある学校」と呼べるような教育成果がもたらされやすいのである。

他方で、筆者がふだん活動している大阪の状況はC県に近い。「恵まれた環境のもとですくすく育っている子」がいる一方で、「家庭学習をしたり、落ち着いた家庭生活を送ったりできるような状況にないと思われる子」も一定数存在する。そうしたなかで、「効果のある学校」としての内実を備えるために、教師たちは懸命な努力を続けることになる。その具体的中身については、本書の9章で改めてふれようと思うので、そちらをごらんいただきたい。

本章の残る部分では、この本のために行った新たな分析の結果をいくつか提示するなかで、子どもたちの学力からみた「学校の二極化」現象にアプローチしてみたい。

3 国際学力データによる学校間格差の検討

階層による学校間格差が顕著

最初に2つの研究を紹介しておこう。垂見裕子氏のものと松岡亮二氏のものである（いずれも2019）。それらは、先の川口氏の分析と同様、国際学力調査のデータにもとづく分析である。

垂見氏が注目したのは、「高校段階」における学力のばらつきと、階層による学校間格差の問題である。ここでいう、「階層による学校間格差」とは、要するに、「高校によって、入学している生徒たちの家庭のタイプがどれだけ違っているか」という問題である。もっとわかりやすくいうなら、「『できる』高校に豊かな家庭の子が、『できない』高校にはそうでない家庭の子が集まる程度」を、他の国々と比較してみようというのである。用いるデータはPISA2015のもの。PISAは高校1年の最初の段階で受けるテストなので、ここでいう学校間格差とは、高校間の格差ということになる。

結果は、次のようなものであった（引用中にある「SES」とは、社会経済的背景のことで、PISAでは、「保護者の学歴」「保護者の職業」「家庭の所有物」の3つを合成した指標を用いている）。

日本は社会のSESの全体的なばらつきは小さいものの、学校ごとのSESのばらつきは決して小さくない。つまり、「学校」というフィルターを通すと、日本社会では恵まれた家庭環境の生徒ばかりが集まる高校と、逆に家庭環境が厳しい生徒ばかりが集まる高校に分離されている。（垂見 2019、100‐101頁）

それに連動するように、生徒たちの職業観・学習姿勢・学習習慣なども、学校間でのばらつきが大きいことが示された（垂見前掲論文、94‐99頁）。こうした知見は、私たちの「常識」にも合致するものである。筆者はかつて、日本の教育は「ヨコのものをタテにする」作用を有していると論じたことがある（志水・徳田　1991）。小学校の段階では、ほとんどすべての子どもが地元の学校に入り、「横並び」の生活を送るが、中学校での「学力による輪切り指導」を通じて、タテに序列化された高校に割り振られていく様子を表現したものである。ペアレントクラシーの時代に入り、そのプロセスに変化が生じはじめているというのが本書のテーマでもあるわけだが、依然としてそうした状況は諸外国に比べても顕著である、というのが垂見氏が見出した事実である。

学校間格差を生む保護者の社会経済的背景

次に、松岡氏の分析について。主著『教育格差』（松岡　2019）のなかで、学校間格差についても随所で検討している。氏が主たる分析対象としているのはTIMMS2015のデータであり、垂見氏と同様にSESの学校間格差という要因を重視している。氏はまず、子どもを公立学校に通わせる理由に「多様な背景をもつ子どもがいる」ことが挙げられることが多いが、それはきわめて同質性が高い国立・私立と比べてのことであり、多数の子が通う公立小・中学校にも大きな「SES格差」が存在しているという、当たり前だが、重要な指摘を行う。

とりわけ氏が重視するのが、「親が大卒かどうか」という要因である。氏はいう。

中学校に入っても生徒は親大卒者数によって異なる学力・教育のゴールを持ち、時間の使い方にも違いがある。親の学校関与における頻度の差も偶然ではなく、家庭のSESを土台としている。同様に、公立中学校であっても学力、大学進学期待、通塾、学習努力量、メディア消費、親の学校関与、これらすべての観点で「ふつう」が学校SESによって異なる。（松岡前掲書、197頁）

学校によって「ふつう」が違う、という表現が言い得て妙である。氏の主張のポイントは、同じ公立小中学校といっても、保護者のSESの分布状況によって、子どもたちの学力形成の「客観的」要因のみならず、「主観的」要素が大きく異なってくるということである。

小中学校間で広がる学力格差

これらの研究をふまえ、2000年以降の小中学生の学力の学校間格差がどのようになっているかという問題について検討を加えてみた。(注1) 使用したデータは、2003年、2007

年、2011年、2015年という4回分のTIMMSの、算数・数学のデータである。

まず表5－3は、小学校算数の結果をまとめたものである。左端の数値が、各回の日本の小学4年生たちの「得点の平均」である。次の「最小値」と「最大値」は、各回の調査に参加した150ほどの小学校ごとに集計した「得点の平均」のうち、最高点と最低点を表している。「分散（学校）」は、学校ごとに集計した「得点の平均」がどの程度ばらつくかを、「分散（全体）」は、全サンプルの個人の得点がどの程度ばらつくかを示している。ポイントとなるのは、次の「ICC（級内相関係数：intra-class correlation）」という値である。[注2] これは、「分散（学校）」を「分散（全体）」で割った値であり、それが表すのは学校の影響力の強さである。つまり、この値が大きければ大きいほど、学校によって成績に大きな違いがあるということになる（川口 2019b）。

その値は、5・7→7・4→7・8→8・1と変化している。それほど大きな増加率ではないものの、2003年から2015年にかけてICCの値は大きくなっていることが知れよう。この結果には、「学校間のばらつきが大きくなったこと」（2003年：282・4→2015年：339・4）に加えて、「個人間の学力のばらつきが小さくなっていること」（2003年：4、926・1→2015年：4、214・2）の双方が関係していると考えられる。すなわち、個人間（全体）の学力のばらつきのうち、学校間のばらつき（＝学校間

（表5-3）学校間格差の変化（小学校・算数）

	算数得点平均	最小値	最大値	分散（学校）	分散（全体）	ICC	学校の数
2003	564.6	510.6	660.0	282.4	4,926.1	5.7%	150
2007	570.2	466.3	643.7	380.7	5,142.0	7.4%	148
2011	585.6	515.0	645.3	363.2	4,627.6	7.8%	149
2015	593.2	540.0	664.7	339.4	4,214.2	8.1%	148

（表5-4）学校間格差の変化（中学校・数学）

	算数得点平均	最小値	最大値	分散（学校）	分散（全体）	ICC	学校の数
2003	568.9	511.9	743.4	868.4	5,809.4	14.9%	146
2007	572.3	453.1	724.2	1,406.8	6,787.4	20.7%	146
2011	571.0	496.9	717.3	1,072.2	6,679.2	16.1%	138
2015	585.8	511.5	730.1	1,289.8	7,343.2	17.6%	147

［出典］筆者が茨木教育委員会で得たデータから作成

格差）の重みが増しているということである。端的にいうと、小学校算数における学校間格差は広がっているということだ。

次の表5－4は、中学校数学について同様の操作を行った結果を示している。こちらは、中学2年生が対象である。数値は、14・9→20・7→16・1→17・6となっている。一見して、小学校の値よりも大きな数値となっていることがわかる。中学校における学校間格差の方が、小学校におけるそれより2倍以上大きくなっている、と判断してよいだろう。数値の変化をみると、2007年の値が突出して大きくなっているが、この原因は残念ながらよくわからない。ただ、全体のトレンドをみると、小学校算数の場合と同様に、学校間格差は拡大傾向にあるといいうる。

TIMMSのデータを再分析したかぎりにおい

て、日本の小・中学校間の学力格差は拡大傾向にある、と結論づけることができる。この結果は、2019年データが公表された段階で改めて検証し直されなければならないものではあるが、本書の論旨からすると、しっかりと心に留めておかねばならない事実であるとまとめることができる。

4 学力向上策との関係性――茨木市の事例から

茨木市の実践例

前節でみたのは、国レベルでの学力の学校間格差の実態であった。本節と次の5節では、ローカルなレベル、すなわち地方自治体レベルでの現状にアプローチしてみたい。扱うのは、いずれも大阪府内にある、茨木市と大阪市という2つの自治体である。

両者は、2007年の全国学力・学習状況調査の導入以来、きわめて対照的な学力向上策を採ってきた。それぞれの施策が、子どもたちの学力格差にどのような影響を与えてきたのかという問題について、入手しえたデータ・情報にもとづいて考察してみたい。まずは、茨木市の事例である。

筆者は、全国学テがスタートしたころから、アドバイザーとして茨木市の学力向上に協力をしてきた。茨木市では、市教委の一貫したポリシーのもとに抜本的な学力向上策を実行し、顕著な成果をあげることができた。その全貌は、2014年に筆者と市教委の共編著として公刊した『「一人も見捨てへん」教育―すべての子どもの学力向上に挑む』にまとめてあるので、関心のある方はぜひそちらをごらんいただきたい（志水・茨木市教育委員会 2014）。

その成果に寄与した要因をまとめると、次の3点になる。第1に、関西の学校現場で展開されてきた「学力保障」の考え方に則り、「下位層」の子どもたちをゼロにすることを目指すという目標を市教委が明確に打ち出したこと。第2に、その目標を達成するために、学力を下支えするものとして「学び力」「自分力」「つながり力」「ゆめ力」という4つの要素を設定し、学校生活全体のなかでそれらの力を伸ばす取り組みを推奨したこと。第3に、市の構想と具体的プランを実質化するために、各校の代表からなる学力向上担当者会議を頻繁に開催し、改革のエンジンとして各校の取り組みを牽引する形をつくったこと。

（図5-1）正答率の高い（80～100%）／低い（0～40%）児童・生徒の推移（小・中学校）

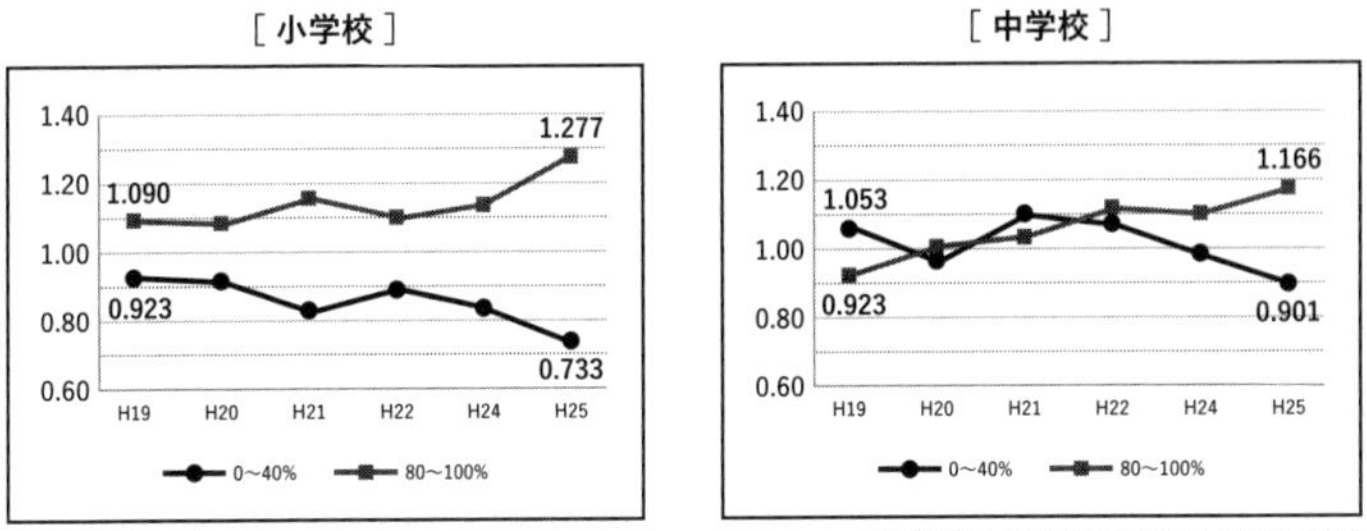

※ 1.00を全国平均とする

［出典］志木・茨木市教育委員会（2014、42頁）

学力低位層が大幅に減る

図５－１は、学力向上プランがスタートして6年が経過した時点までの、成績の伸びをグラフ化したものである。図中黒四角は、テストで80％以上の正答率を示した子ども（高位層）の比率、逆に黒丸は、正答率が40％以下だった子ども（低位層）の比率を示している。左図の小学校の折れ線は「末広がり」の形、右図の中学校の折れ線は「X」の形を描いている。要するに、小中ともで、高位層が急激に増え、低位層が大幅に減るという確かな結果を見て取ることができるのである（志水他前掲書、第2章）。

さて、本を出版してから6年ほどの時間が経過した２０２０年の冬に、市教委と共同でこれまでの施策の成果を検証するための分析を行ってみた。データとして使用したのは全国学テの結果で、２００７年から3年おきに２０１０年、２０１３年、２０１６年、２０１９年と5時点のもの

（表5-5）茨木市の学力向上策の歴史的変遷

	プラン名	重点テーマ	主な事業
2008～2010年	茨木っ子プラン22	学力低位置層を減らす（小）	小…専門支援員配置（1名） 中…SSW配置
2011～2013年	ステップアッププラン25	中学校の学力低位層を減らす	中…専門支援員配置（3名） 中…SSW配置（全校）
2014～2016年	ジャンプアッププラン28	課題校を支援する 保幼少中連携	課題校…専門支援員増員・放課後学習教室(公民館等で) 中学校ブロックを設定し、保幼少中連携の取り組み開始
2017～2019年	グローイングアッププラン	業務改善 持続可能な取り組みの構築	業務サポーターの配置 学習サポーターの配置 (専門支援員と支援教育サポーターの統合)
2020～2024年	プランネクスト5.0	非認知能力の育成 不登校支援 支援教育の充実 スマホ対策	スクールサポーターの配置 (学習サポーターと図書館支援員の統合)

［出典］筆者が茨木市教育委員会で得た資料より作成

をピックアップした。「3年おき」というのは、第1～4次までの学力向上プランが3年ものであることと関係している。現在は第5次プランが走っているが、これまでのプランの名称・重点テーマ・主な事業を整理したのが表5－5である。2007年はプラン実施前、以下10年は第1次プラン、13年は第2次プラン、16年は第3次プラン、19年は第4次プラン、それぞれのプランの最終年となる年度である（図中のSSWはスクール・ソーシャル・ワーカーのこと）。

それぞれの年度の学校ごとの正答率が市教委に保管されているので、それを集計し、偏差値に変換し直した。偏差値によって、全国のなかでの位置を明らかにでき、経年比較が可能になると考えたからである。

中学で広がる学校間格差

その結果を要約したものが、次の表5－6である。

まず小学校の方からみると、学校ごとの偏差値の平均は、スタート時点が50・3、以下13年に51・0という最高値に達し、それ以降16年、19年は50という結果となっている。50とは、全国の値とちょうど同じということである。最初の6年で結果が出て、その後はやや停滞しているという形である。他方、学校間のばらつきを示すのが標準偏差である。最初の07年が1・8、最新の19年が1・9となっており、トータルすると学校間格差はそう変化はしていないといえる。

次に中学校の方をみてみよう。スタートの時点、そして10年でも49・6という値となっており、50には足りなかった。すなわち、茨木市の中学校の成績は全国よりもわずかだが少し低いという結果となっていた。しかしその後は50以上の値となっている。特に16年の50・6という数値が目立つ。中学校の結果は、全体としてみるなら改善されたということができる。一方、ばらつきを示す標準偏差の方は、最初の07年が0・8であったのに対して、最近の19年では1・8という数値を示すようになっている。ここから、学校間格差は拡大傾向にあると表現することができる。

（表5-6）茨木市の全国学力・学習状況調査の結果

小学校					
	07年	10年	13年	16年	19年
平均値	50.3	50.3	51.0	50.0	50.0
標準偏差	1.8	1.6	1.8	2.2	1.9

中学校					
	07年	10年	13年	16年	19年
平均値	49.6	49.6	50.2	50.6	50.1
標準偏差	0.8	1.2	1.2	0.8	1.8

（注）平均値は偏差値に換算したもの

顕著な改善実績

小中を併せてみると、13年の小学生（6年生）は、16年の中学生（3年生）と同じ集団であり（私立中学等に1割程度は抜けるのだが）、そこの平均値がいずれももっとも高くなっているという結果が注目される。すなわち、学力向上に取り組んで6年経過した集団（これは小1から小6までの6年間を指す、とみることもできる）の結果がもっともよくなっており、彼らが中3になったときにこれまた最高値をたたき出したということである。ある意味、その学年が学力向上施策のピークであり、それ以降は「上げ止まり」の様相を呈しているということもできる。第1〜3期のプランは学力向上に特化したものであったが、第4期以降は「業務改善」「スマホ対策」などが重点テーマに組み込まれるなど、より広範にわたる学校改善プランの性格を強めている。そのことも、2014年以降、学力向上に関するダイレクトな成果がみえにくくなってきているーー因となっているかもしれない。

いずれにしても、茨木市はある時期、先の図5－1でみたような顕著な成果を生み出し、大きな注目を集めた。テスト準備やドリル学習で全国学テの点数をあげようとした学校や自治体が多数みられるなかで、学びの土台となる力（今でいうなら非認知能力という言葉が使えるかもしれない）を丹念に育み、学力低位層を減少させ、高位層を増加させることを見事に成功させた。全市の学校関係者が一丸となってのその取り組みは学力向上施策のひとつのモデルになりうるものである。

5　学校選択との関係性——大阪市の事例から

中学校の学力格差は拡大

次にみてみたいのが大阪市の事例である。4章でみたように、大阪市では、全国の動向からはやや遅れて学校選択制をスタートさせた。2014年度からのことである。その学校選択制は、学力による学校の二極化という本章のテーマに、どのような影響を及ぼしつつある

(表5-7)大阪市の全国学力・学習状況調査の結果

小学校		
	14 年	19 年
平均値	49.1	48.7
標準偏差	1.9	2.1

中学校		
	14 年	19 年
平均値	49.0	48.9
標準偏差	1.2	1.9

[出典] 筆者が大阪市教育委員会で得た資料より作成

のだろうか。その点について検討を加えてみたい。

先に茨木市について行った作業を、大阪市についても行ってみた。比較するのは、2014年と2019年の2時点である。学校選択制を導入してからの5年間で、子どもたちの学力に何が起こったのかを確認したいと考えた。2014年度の小中学校別全国学テの結果を筆者は独自に入手することができた。また、2019年度の結果については、大阪市教育委員会の協力を得て収集することができた。(注2) そのうち比較可能な学校(小213校、中113校)の結果をまとめてみたのが表5－7である。

表からは興味深い事実を読み取ることができる。

まず小学校については、平均値は少し落ち、逆に標準偏差は少し上昇しているという結果となった。学校選択制を採るようになってから、小学生の学力水準は全国に比べるとやや悪化し、逆にそのばらつき(格差)が若干だが広がったということである。

次に中学校の数値である。平均値については「横ばい」といえるが、標準偏差については大幅に増大していることがわかる。つまり、学校選択制によって生徒獲得競争が激化した結果、学力水準は維持されているものの、学力格差は明らかに大きくなっているということである。大阪市の学校選択制は前章でもふれたように、24の区が独自の仕組みを設定してよいことになっている。その結果、小学校の方が「隣接区域選択」といったより限定的な選択制度を、中学校の方が「全区で自由選択」といったより徹底した選択制度を採る傾向がある。それがゆえに、中学校においてより格差が広がりつつあるという結果が導き出されていると解釈できるのだ。

人気のない学校の学力低下

そのトレンドをより詳細にみるためにつくったのが、次の図5－2である。これは24区中のひとつである西成区の中学校の事例を引いたものである。A〜F中の6校が存在しているが、それらの偏差値の変化を図示してみた。きわめてクリアに学校間格差が広がっている様子を見て取ることができる。

まずA中は、6校中もっとも成績がよかった中学校であるが、5年の間にさらに成績が向上し、トップの座を維持していることがわかる。次に、ダンゴ状態にあったB〜E中の4校のうち、B中とC中が成績を伸ばし、逆にD中・E中は成績が低下傾向にある。そしてもと

（図5-2）大阪市西成区の学校選択と学力との関係（中学校）

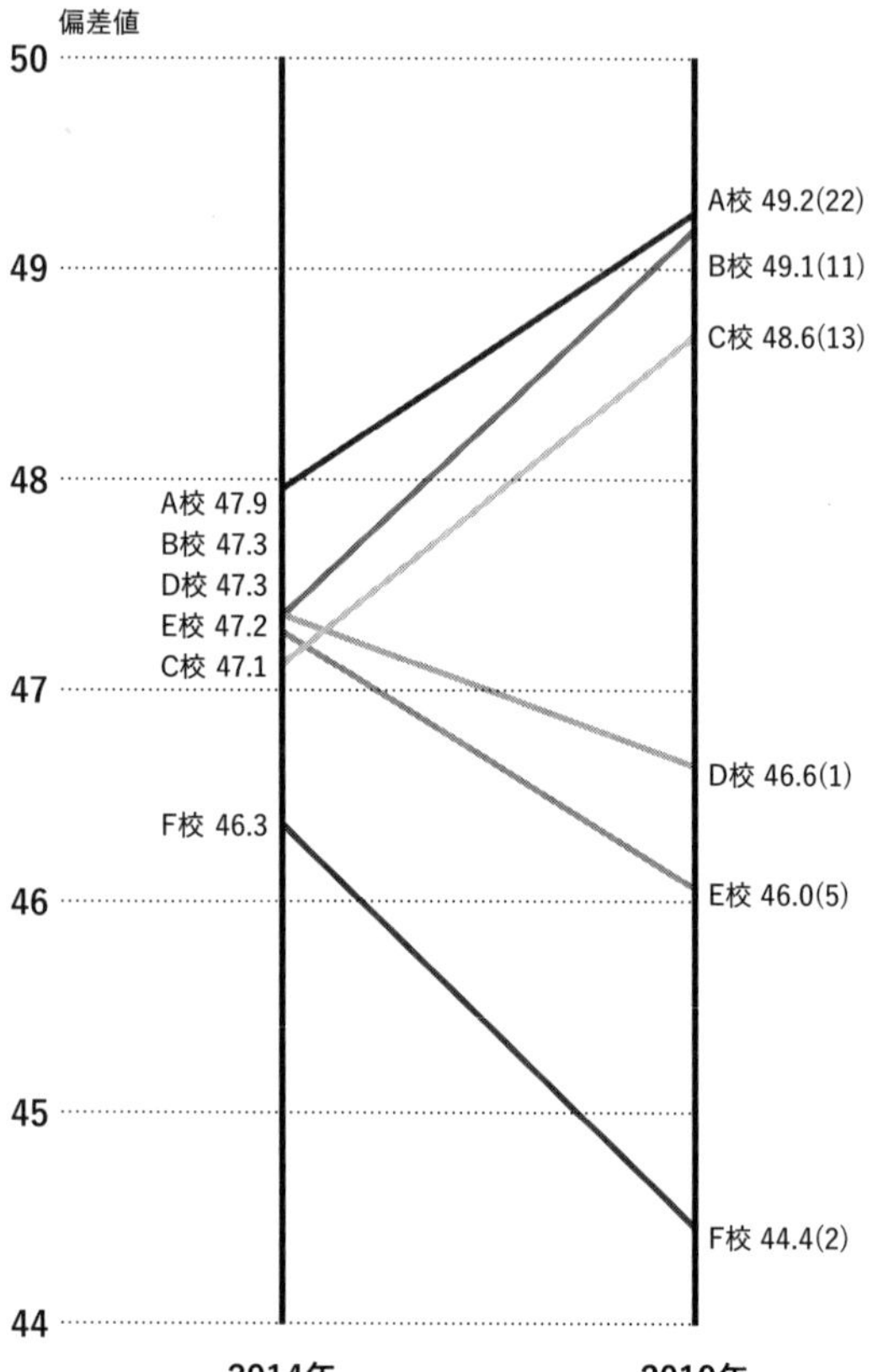

［出典］筆者が入手したデータを加工して作成。※学校名の右側カッコ内の数値は「校区外からの入学を希望した者の数」

もと成績がもっとも低かったF中は、選択制を経て、2019年には偏差値44・4ときわめて低いレベルへと落ち込みをみせている。端的にいうなら、「勝ち組」3校と「負け組」3校への分化が生じているということである。

なぜこのような分化が生じたのか。それを解く鍵が、（　）内に示してある数値である。これは、それぞれの中学に、「校区外から入学したいと希望した生徒」の数を示している（前年のうちに保護者を対象とした意向調査が行われる）。「校区の中学校から他の中学校を選択し、出ていった生徒」の数は公式に発表されていないため把握できないが、いずれにしても2ケタの数値となっているA～C中の3校は「人気のある学校」、ほとんど希望者のいないD～F中の3校は「人気のない学校」だと色分けすることができる。つまり、人気校の成績はあがり、不人気校のそれは低下しているという明白な事実を、この図は示しているのだ。

西成区は、大阪市内でももっともきびしい生活を送っている住民の割合が大きい区である。当然子どもたちが置かれた環境も、学力形成という観点からみた場合には大きなハンディキャップとなるものである。図に示した2014年の数値において、6校すべての偏差値が48未満となっていることがその証拠である。たとえば4節で扱った大阪北部に位置する茨木市では、直近の2019年全国学テにおいては、中学校14校中最高値は52・9であり、48未満の学校は1校のみ（47・5）であった。その水準の違いは明らかである。

西成区のある塾の奮闘

4章で、大阪市の場合は、「学校選択」をする割合は東京などと比べて低いと指摘した。しかしながら、そのなかで西成区は、もっとも選択率が高い区のひとつとなっている（2020年の場合、小学校では16・9％、中学校では15・5％が選択権を行使した）。全体的にきびしい生活環境のもとにあるがゆえに、相対的に教育熱心な層が学校選択を行う傾向が強まっているということなのであろう。

その西成区で学習塾を経営する藪中孝太朗氏は、自身が近隣地域の出身で、大阪大学大学院の修了生である。西成の子どもたちの学習支援を志し、学生時代に塾を立ち上げた。中学生たちを主な塾生とする氏の塾の最大の特徴は、「いつでも自習にきていい」というものである。氏の言葉に耳を傾けてみよう。

家に学習環境がない子が多いんで。このフロアにあるブースを携帯で予約したうえで、いつ来てもいいよということにしてるんです。だいたい60人ぐらい在籍していると満席状態になるので、それぐらいの数で入塾をお断りしている感じですね。大阪市では、高所得層以外に対して、塾だけでなくすべての習い事に対して月額1万円がもらえることになっています。うちの月謝は1万9、800円、週に対面授業2回、オンライン授業1回をやり、自習はいつでも来れる。自宅からも携帯でオンラインにして、講師に質問できるようにもしてます。個々の生徒の学習時間を記録するようにしてるんですけど、ここ3週間での平均が28・4時間、もっともヘビーなユーザーは94時間。めちゃくちゃ勉強する塾ではあると思いますね。

このへんでは、私立中学受験組は別にして、熱心な層は、維新の会になって近隣の区にできた公立中高一貫校に行かせようという空気感があります。それが無理だったら、小中一貫のA中にしようみたいなところが実際ありますね。5、6年前のA中の卒業生たちは、「今のA中は全然違う学校になってる!」って言ってますね。逆にF中。もともと生徒数は少ないんですけど、さらに少なくなってます。バンバン外に出ていく。今の中3だと、学年上位の子でも民間の模試を受けたら偏差値40ちょっとぐらい。平均点に達している子が1人、2人いればいいっていう感じじゃと思いますね。

模試で105点の子が、校内では420とかあるんですよ、5教科の合計点が。やるっていう文化や意識がないっていう子が多く、学校としても難しい状況にある。たとえば九九できないのはさすがに「お前アホや」って言われるんですけど、分数のかけ算なんかになると、友だちの半分はできないってなる。だから、普通のことや思ってます。学校の先生はそこまできつく言われへんやろとは思うけど、僕らは「まったく話にならへんで」みたいな。「西成区でトップクラスでも、世の中的には中の下やで」って言い続けてます。

高校へはみんな行きますね。名前書いただけでも通る学校はあるので。でも、やめる子は多い。このあたりは、そもそも高校出てないけど、成立してる人が多いので。飲食で成功したり、現場で職人さんやったり。学があっても意味ないぞっていう意見は根強くありますね。なんで、「勉強してるやつは、ただで高校に行けるぞ」って話を常にしますね。真ん中より下の私学になると、成績が上の子は特待生になれ、お金がかからない。でも成績が下の子は「何から何まで金とられるぞ」って。自分でバイトして払うっていうパターンの子も多いんで。親が出すっていうことではなく。奨学金借りて行くっていう子とかも、半ば決まっている子もいて。まあF中の子でも、一生懸命勉強してある程度上位になった子たちは、めちゃくちゃ伸びます。高校行ったとき。今まで勉強する環境でないところでやってきた子らなんで、自分と同じぐらいの子がいる学校に入ると、すぐ上位とかになっていきます。

藪中氏がやっているのは、学校教育の力が及ばないところにまで手を差し伸べることであるようにも思われる。氏の塾を訪問した際に筆者が感じたのは、塾の空間が安心して学べる

「家庭」のような空間になっており、30代前半の藪中氏やその他の若い男性講師たちが中学生たちに寄り添う頼れる「家族」のような存在になっているということだった。

注
(1) この部分の分析について、数実浩佑氏（宝塚大学専任講師）の全面的なサポートを得た。ここに記して感謝の意を表する。
(2) ICCの値、およびその算出に伴う分散（学校）と分散（全体）の値は、独立変数を含めないマルチレベルモデル（ヌルモデル）を用いて推定した。

6章　高校の学区制——高校教育の変動の視点から

この6章とそれに続く7章では、「高校」の問題を扱う。

本章で焦点を当てるのは、高校の「学区制」である。本書のテーマである「学校の二極化」を高校段階に当てはめた場合、単純化していうなら、それを導いたのは、「学区制の拡大」という戦後の歴史的トレンドであった。本章では、高校の学区なるものが、いかなるプロセスを経て各地域で拡大してきたのか、それが今日の高校教育にどのような影響をもたらしているかといった問題について検討を加えていきたい。

1　戦後高校教育の発足――高校三原則

高校三原則の中身

第二次世界大戦前の旧制学校は格差（複線）を前提としたシステムだった。戦後の学制改革では教育を受けたいと希望するすべての人に門戸を広げるための方策として、小学区制・総合制・男女共学の高校三原則に沿った新制高等学校の設置がすすめられた。それはアメリカの郊外と農村で発達した総合制の公立学校から考え出されたものであり、アメリカの高校は生徒が民主主義社会の市民としての役割を演じられることを教育目的としていた。（ローレン　１９８８、97頁）

これは、アメリカの文化人類学者Ｔ・ローレンの著作からの引用である。氏は１９８０年代の神戸を舞台に綿密なフィールド調査を行い、明確な階層構造のもとにある日本の高校教育の中身とその社会的役割についてすぐれた研究書をまとめた人物である。

引用にあるように、いわゆる「高校三原則」とは、「小学区制・総合制・男女共学」のことである。それは、次のように説明されている。

(1) 将来多くの新設高校が設置され、希望者がもれなく進学できるようになることがのぞましい(小学区制)。

(2) 大都市の学校では、普通科、職業科を別々に置いてもよいが、学校数の少ない地方では、機会均等の立場から、普通課程と職業課程を併せもつ総合的な高等学校を設置することがのぞましい(総合制)。

(3) 男女両性の相互理解を深め、男女の本質的平等の基礎を育成するうえで男女共学とする。高等学校では必ずしも男女共学でなくてもよいが、教育を受ける権利は男女平等に与えること(男女共学)。(萱原 2006、19頁)

「高校三原則」は、明らかにアメリカの郊外型の「ハイスクール」を念頭に置いたものである。その地域に住むすべての子が通う学校という意味で、「小学区制」が望ましいとされた。同様に、彼らの多様な教育ニーズに応えるという観点から、「総合制」(さまざまな科目が幅広く提供される)が推奨された。

その背景には、冒頭のローレンの引用にあるような複線型であった「旧制」の中等教育システムがある。それは、豊かな階層に属する男子が通う「旧制中学」、そのカウンターパートとしての女子のみが通う「高等女学校」、そしてそれに次ぐ階層が主として利用する「実業補習学校」という3つのパートから成り立っていた。第二次世界大戦期に、その3つのいずれかの中等学校に通うことができたのは同年代の若者のうちのせいぜい2割程度にすぎなかった。それに対して、「新制高校」は、希望するすべての者に中等教育を保障するという「機会均等」理念に導かれたものだったのである。いずれにせよ、1948年、旧制の中等学校2、593校を転換・再編する形で、新制高校2、307校が発足した（大脇 1994、46頁）。

地域差のある「高校三原則」の実現

ただし、「高校三原則」は、あるタイミングで全国一律に達成されたわけではまったくなかった。その実現の度合いには、かなりの地域差があったのである。たとえば、東日本にやってきたGHQの教育改革担当者は西日本担当の人物より「ゆるい」人だったために、東日本には男女別学の県立校（その多くが進学校）が残存したなどといわれることもある。基本的に地域の実情に応じて高校教育を整備するということが文部省（当時）の方針であったために、地域差が大きかった。

先に引用した大脇氏の整理によると、統合整理を経た1949年の時点で、高校の数は1、850校で、そのうち総合制は42％、普通課程と職業課程を併置するものは32％、職業課程を2つ以上もつものが10％であった。福井・広島・宮崎の3県では、すべての高校が総合制を採ったという。また、学区制についていうなら、実施が34県（74％）、計画中が10県（22％）となっている。1952年度の調査になるが、普通科の学区制に関しては、「小学区制」23県（50％）、「小学区制と中学区制の併用」5県（11％）と、併せて61％になっている。最後に男女共学では、1、175校（63％）が共学制を敷いた。全高校で男女共学を実施したのは14県であった（大脇前掲論文、46頁）。

今からみると、まさに隔世の感がある。きわめてシンプルにいうなら、戦後がスタートする時点で構想された高校は、現在の「公立中学」と同じものであったのである。私学等に抜ける子もいるものの、基本的にはその地域（校区）に住んでいるすべての子（もちろん男女とも）が進学し、共に学ぶ。違いがあるとすれば、選択科目の幅が現在の中学校よりは広く考えられていたことだろう。高校はより社会に近く、卒業後には多様な進路が想定されているため、それぞれに応じた科目群が提供される必要がある。これが総合制の理念である。その理念は、現代でいうと「総合学科」高校の考え方に生きている。しかし、戦後の歴史を振り返るなら、すでに1950年代から普通科の高校と職業科の高校（今日では「専門高校」

という呼び名が使われるようになっている）が分離していく傾向が顕著であった。そして、職業科の高校は入学者を確保するために、学区をもたないのが一般的だった。したがって、以下で問題にする「学区制」は、普通科高校についてのそれであることにご留意いただきたい。

いずれにしても、すでにふれたように、「高校三原則」はあくまでも理念レベルの話であり、実際にはさまざまな制約から、さらには戦前の複線的な学校システムの「慣性」から、その実現は不完全な形のものにならざるをえなかった。そして、以下にみるように、戦後の高校教育は、それとはおよそかけ離れた形で展開していくことになる。

2 学区制の歴史的変遷の全体像

戦後のスタートは「小学区制」

本章の主題は、三原則のうちのひとつ「小学区制」である。

次に掲げる表6－1は、47都道府県の学区（普通科）の数を、1950年から5年刻みで直近の2020年までまとめてみたものである。なお、学区制に関しては、慣例として「小学区」「中学区」「大学区」という区分が用いられる。「小学区」とは学区に存在する普通科高校が「1」校である場合、「中学区」は「2〜6」校である場合、「大学区」は「7」校以上である場合。この表にあるのはトータルの学区数であり、その内訳までは表示されていないことに注意していただきたい。

さて、この表からわかることは、大まかにいって以下の5点である。順に述べていこう。

第1に、1950年のスタート時点では、各自治体の学区数はおしなべて多かった。換言するなら、「小学区」的な区割りをしていた自治体が、多数にのぼっていたということである。具体的にみてみると、北海道は95、兵庫は56、福岡は52の学区に分けられていた。普通科高校の数だけ学区があった、すなわち、「小学区制」を敷いていたということであろう。ほとんどの自治体が10以上の学区を有しており、もっとも学区数が少ない青森県が6学区であった（その後青森は、1960年に17まで学区数が増えることになる）。先にも引用したように、半数以上の自治体が小学区制を採用していたのがこの時代であった。

第2に、表を一見すると明らかなように、学区の数は自治体によって著しくばらつきがあることがわかる。

たとえば、1950年から10年経った1960年の欄をみてみよう。1960年といえば、筆者がこの世に生まれたころであり、日本は「高度経済成長」路線をひた走っていた時期である。数値をみると、北海道（102）や福岡（49）、広島（40）、愛媛（38）、兵庫（35）のように30以上の学区が存在する自治体がある一方で、福井、岐阜、愛知、奈良、徳島などの各県はこの段階で「2」学区となっており、学区の広域化がみられる。おしなべて表に示された学区数は、その自治体の人口規模や地域性（関東や関西といった）とはほとんど関係がないように見受けられる。この時期（そしてそれ以降も）、各自治体の高校政策には大きなバリエーションがあったことを示唆する結果である。

第3に、上の時期も含め、年度がすすむにつれて、すなわち現代に近づくにつれて、どんどん学区数が少なくなっていく傾向があることが読み取れる。

この表から読み取れる歴史的事実としてもっとも重要なポイントが、これである。高校三原則の柱のひとつとされた「小学区制」は、時代の流れとともに有名無実化していく。つまり、学区数が少なくなるとは、小学区が中学区に、中学区が大学区に再編されていくことであり、すべての自治体が例外なくこの流れに従ったのである。

第4に、そうしたなかで、1980〜1990年代にかけての時期に、一時的にいくつかの自治体、具体的には北海道、神奈川県、滋賀県、広島県、沖縄県などで学区数が増えているという事実を見出すことができる。

（表6-1）各県の学区数（1950〜2020年）

	1950	55	60	65	70	75	80	85	90	95	2000	05	10	15	20
北海道	95	95	102	130	8	21	21	52	52	52	55	25	19	19	19
青森	6	15	17	6	6	6	6	6	6	6	6	1	1	1	1
岩手	21	25	20	20	20	20	20	20	20	19	19	8	8	8	8
宮城	13	13	13	13	13	13	14	14	14	14	14	14	1	1	1
秋田	10	12	8	8	3	3	3	3	3	3	3	1	1	1	1
山形	14	3	3	3	3	3	3	4	4	4	4	4	4	3	3
福島	21	21	21	16	16	8	8	8	8	8	8	8	8	8	8
茨城	8	8	8	8	8	8	8	8	8	5	5	5	1	1	1
栃木	15	15	9	9	9	9	9	9	9	7	7	7	7	1	1
群馬	12	4	4	4	4	4	4	7	8	8	8	8	1	1	1
埼玉	8	8	8	8	8	8	8	8	8	8	8	1	1	1	1
千葉	20	18	9	9	9	11	12	12	12	12	9	9	9	9	9
東京	10	10	10	10	13	13	13	14	14	14	14	1	1	1	1
神奈川	9	19	19	9	9	9	9	16	18	18	14	1	1	1	1
新潟	23	25	23	10	10	10	10	10	10	10	10	8	1	1	1
富山	21	15	4	4	4	4	4	4	4	4	4	4	4	4	4
石川	14	3	3	3	3	3	3	3	3	3	3	1	1	1	1
福井	12	12	2	2	2	2	2	4	4	4	4	1	1	1	1
山梨	11	11	11	11	11	11	12	12	12	12	12	11	1	1	1
長野	9	4	4	4	4	12	12	12	12	12	12	4	4	4	4
岐阜	27	27	2	2	2	6	6	6	6	6	6	6	6	6	1
静岡	37	10	11	10	10	10	10	10	10	10	10	10	1	1	1
愛知	39	43	2	2	2	2	2	2	2	2	2	2	2	2	2
三重	15	17	3	3	3	3	3	3	3	3	3	3	3	3	3
滋賀	9	4	4	4	4	4	4	4	6	6	6	6	1	1	1
京都	25	30	30	29	29	34	39	9	9	9	9	8	6	5	5
大阪	13	13	13	5	5	9	9	9	9	9	9	9	4	1	1
兵庫	56	34	35	15	15	15	15	15	16	17	17	16	16	5	5
奈良	16	16	2	2	3	3	3	3	3	3	2	1	1	1	1
和歌山	21	20	8	9	8	9	9	9	9	9	9	1	1	1	1
鳥取	11	12	7	8	3	3	3	3	3	3	3	3	1	1	1
島根	16	16	17	3	2	2	2	2	2	2	2	2	1	1	1
岡山	24	25	25	25	21	20	21	21	21	21	6	6	6	6	6
広島	46	45	40	4	4	4	14	14	14	14	15	6	1	1	1
山口	23	23	24	29	30	25	26	26	26	26	26	7	7	7	1
徳島	20	15	2	2	2	3	3	3	3	3	3	3	3	3	3
香川	14	14	14	3	2	2	2	2	2	2	2	2	2	2	2
愛媛	29	31	38	4	3	3	3	3	3	3	3	3	3	3	3
高知	12	14	15	4	4	4	4	4	4	4	4	4	1	1	1
福岡	52	53	49	52	47	15	15	15	15	15	15	15	15	13	13
佐賀	10	10	10	10	10	10	10	4	4	4	4	4	4	4	2
長崎	16	17	18	20	21	24	34	34	34	33	32	7	7	7	7
熊本	22	27	23	8	8	8	8	8	8	8	8	8	3	3	3
大分	14	15	15	15	15	15	15	15	16	16	12	12	1	1	1
宮崎	13	10	10	10	10	10	10	10	10	10	10	10	1	1	1
鹿児島	35	36	14	14	14	14	14	12	12	12	12	12	12	7	7
沖縄	16	16	16	16	16	14	23	28	35	35	62	7	7	7	7

［出典］各種資料より筆者作成

これは、それに先立つ時期における高校進学率の上昇や高校階層の序列化の進展という趨勢を受け、「通学区域の縮小や総合選抜制度の導入など、受験競争の緩和に向けた取り組みが積極的に行われた」(三上・野崎 1998、83頁)結果である。「当初から学区制の導入に積極的であった県はこの時期においても小学区に傾斜した制度選択を行う傾向にある。逆に消極的であった県は大学区を是認し、それを前提とした制度選択をする傾向が強い」(前掲論文、83頁)という指摘がなされている。

第5に、上に述べたような「ゆり戻し」が一部地域でみられたものの、2000年代に入ってから学区が「1」となる自治体が急速に増え、現在へとつながっている。

学区の数が「1」となる自治体が出現したのは、表6-1では、2005年以降のことである。実際には、東京都と和歌山県がそれに先立つ2003年に通学区域を撤廃している。表の2005年の欄をみると、青森、秋田、埼玉、東京、神奈川、石川、福井、奈良、和歌山という9自治体が「全県一区」という体制を採りはじめたことがわかる。以降その数は順調に増え、2020年では過半数の26自治体が「全県一区」となるにいたっている。

なぜそのような劇的な変化が生じたのかについては、改めて4節で振り返ることにする。

以下では、表6-1でカバーされる時期を大まかに2つ(1950年代から90年代、2000年以降)の時期に分け、学区制の変化を、高校教育の動態や高校教育政策の変遷と関連づけて今少し掘り下げて考察してみたい。

3　高校教育の展開のなかで――1950年代から90年代まで

1960年代末までに学区数は減少

高校教育の量的拡大の様子を示したのが、図6－1である。

1950年には、高校進学率は40％強にすぎなかった。それが、グラフに示されているように、50年代から60年代にかけて右肩上がりに急上昇を遂げ、1974年には90％を突破するにいたった。以降も高校進学率は漸増し続け、今日では97％を超える水準に達している。

1950年から1975年ごろにかけての進学率急上昇期間中に生徒数がピークを迎えたのが1965年、いわゆるベビーブーム世代が在学していた時期である。その生徒急増期に合わせるように、私学在籍者数および私学進学率が増加している様子をグラフから読み取ることができよう。その後今日にいたるまで、公立と私立の在籍者比率は、ほぼ7：3と安定している。

（図6-1）高校進学率と進学者数の推移

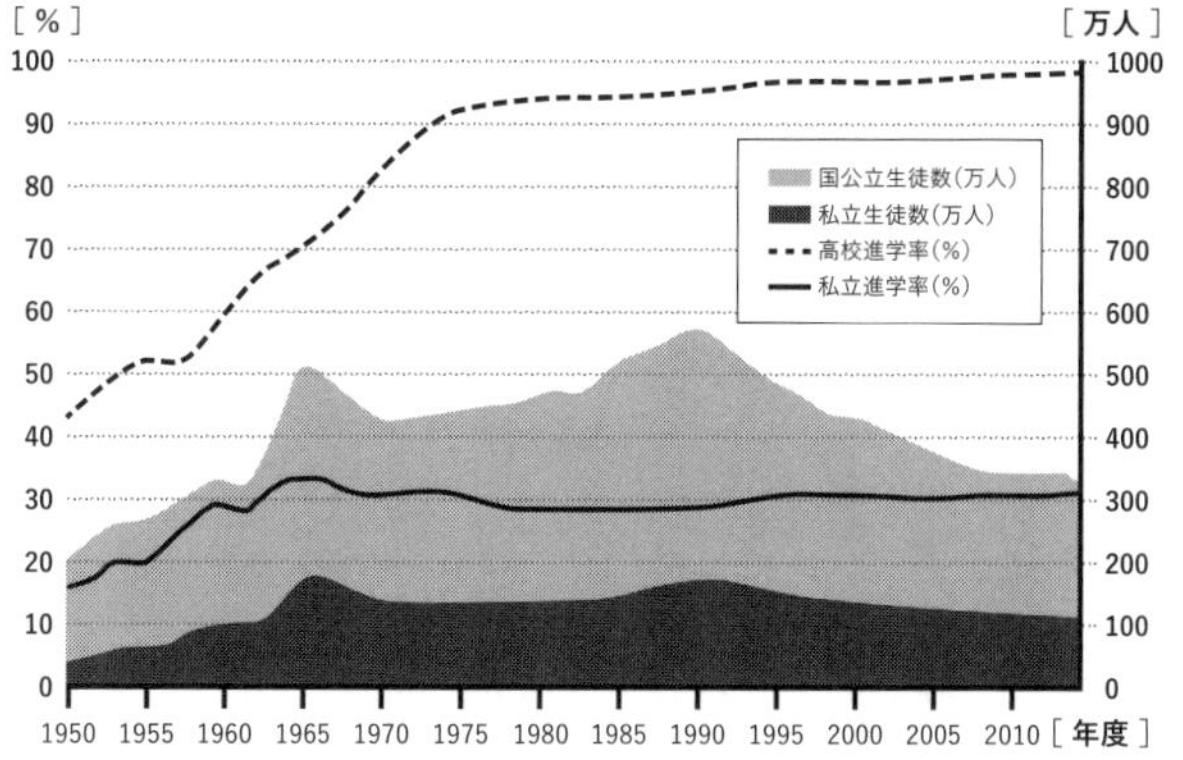

［出典］日本教育社会学会（2018、400頁）

次に示す図6－2は、学区制の歴史的トレンドをみるために作成されたものである（三上・野崎前掲論文、82頁）。2つの折れ線は、都道府県別にみた場合の「学区数」の平均（破線）と「一学区あたりの学校数」の平均（実線）の歴史的変化を意味している。

この時期（本グラフでは1949年から1997年までの数値が示されている）、およそ1960年代末まで学区数は大きく減少し、それとは裏腹に学区あたりの学校数は大きく増加するという事実を見て取れる。1970年代以降は、1990年代にかけて、学区数はやや増える傾向を、一学区あたりの学校数はほぼ横ばいという傾向を示している。

右に述べたことを総括するなら、197

(図6-2)学区数と一学区当たりの学校数の変化

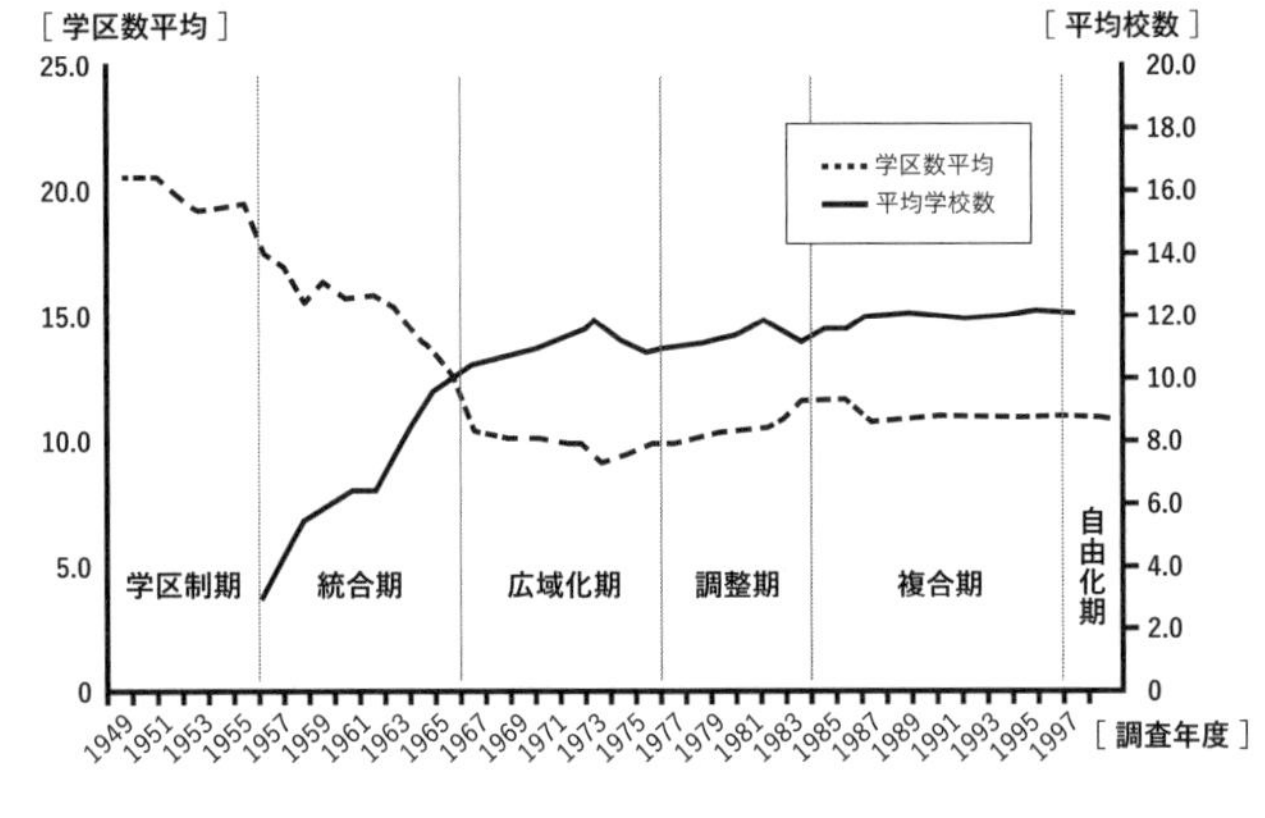

[出典] 三上・野崎(1998、82頁)

0年代半ばまでに高校教育は急速に拡大し、それと逆行するように各自治体の学区数は減った、すなわち小学区制の理念は有名無実化していったということができる。

奇しくも私が高校に入学したのは、1975年のことである。当時は、「受験戦争」という言葉が日常用語だった。「学歴社会」とか「学歴主義」といった言葉も、よく使われていた。前述のローレンの著作のテーマであった「高校の階層構造」は、すでにどこの地域でも自明のものとして存在していた。そして私自身が中学生として経験した進路選択の過程も、「輪切り選抜」という用語がぴったりくる実状を有したものであった。先行する世代とは異なり、私たちの世代にとっては、高校に進学することが半ば「当たり前」のこととみなされるようになっており、ほとんどの者が「高校に進学したい」、そして「少しでもいい高校に入りたい」という希望を有していた。「受験生の選択肢を広げる」という大義名分のもとで小学区制が形骸化していったのは、ある意味歴史の必然であった。

学区制と住民の意識

この時期の、高校普通科の学区制と地域住民の意識のありようについて踏み込んだ考察を行っている実証的な研究を、ここで2つ紹介しておきたい。

ひとつは、特定の自治体において小学区が中・大学区に移り変わっていく経緯を事例的に描き出したものである（阪本　１９７２）。考察の対象となっているのは、愛知・三重・高知の3県である。１９５０年代に、文部省が大学区制を実質的に容認する立場を鮮明にしたことをきっかけに、愛知では１９５６年に、三重では１９５９年に、そして高知では１９６２年に小学区制が改変され、中学区・大学区が成立することとなった。

「現実のその動態過程は民衆がもつ教育利害関心によって強く規定される」（阪本前掲論文、92頁）という立場からその移行のプロセスが検討され、「職業課程の総合制からの分離」「学区域間入学率格差の拡大」、「越境入学行為の拡大」などといった要因が、移行を導いたものとして指摘されている。そのうえで、「民衆の適応類型」として、以下の5つが提示される。すなわち、①「制度の理念を積極的に受容し、法規則も受容した層」、②「法規則は受容しそれに従って行為したけれど、制度理念を消極的にしか受容できなかった人々。動揺層」、③「理念に賛成する事ができずそれを拒否した人々。越境志向層」、④「制度理念も法規制をも拒否し反抗的行為としての脱法行為をとった人々。越境層」、⑤「この制度と没関係を選び私学へ進学した層」。これらの適応行為類型の複合によって、「小学区制度とその変動過程の現実態が構成されていた」（同、100頁）というのが、この研究の結論である。シンプルにいうなら、小学区制の理念に賛同せず、「越境入学」を選ぶ人が増えてきたために、県の教育行政は学区を拡大せざるをえなかったという話である。

今ひとつの研究は、ある県の特定地域の住民の反応が、県の教育行政の方針を覆したという事例を扱ったものである（横山・大坪 1981）。舞台となるのは、山形県北村山地区。年代は1970年代の末。当時のこの地区では、地区内に配置される公立高校に入学した者は50%をかろうじて超える程度であった。高校配置の地理的不均等性・収容力不足・学校間格差が受験生の他地区への「移動」を不可避のものとし、広域学区存続の条件となっていた。

その時期県教委は、おりからの大学区制見直しの機運の全国的高まりと軌を一にするように、当該地区の学区分割を提案した。その方針に対し、地域住民は大きく反発した。端的にいうなら、この分割は、山形市内にある進学校へ地域の生徒たちがすすむ道を閉ざすことになっていたからである。地域住民の「本音」が、県教委の「建前」を結果的に打ち壊すことになり、結果的にその提案はお蔵入りとなった。

ここで述べた2つの事例研究は、いずれもが、戦後一貫して保護者・生徒の「本音」は、少しでも「よりよい」高校へ行かせたい・行きたいというものであったことを指し示している。

公立進学校をめぐる京都と大阪の違い

筆者の身近なところでの、そのころの様子を補足的に述べておきたい。

私が居住していた兵庫県の阪神地域では、中学区制を敷いていたが、「総合選抜制」という選抜制度を有していた。総合選抜制とは、数校の普通科高校が合同で（まとまって）合格者を決め、生徒を機械的に各校に振り分けるというものであった。たとえば、当時の私が住んでいた西宮学区には6つほどの高校があり、合格者は「居住地の近さ」を基本原則として入学する高校の割り当てがなされていた。ただし、成績上位10％は特権的に希望校に入学できることになっていた。1970年代後半に総合選抜制を敷いていた地域には、岡山の岡山学区、倉敷学区、兵庫の尼崎学区、西宮学区、宝塚学区、広島の広島学区、呉学区、尾道学区、大分の大分学区、別府学区などがあった。総合選抜制は、受験競争の激化を避けるために採られるケースが多く、小学区制の理念を補完する位置づけをもつものだったといえる。ただし21世紀に入って、総合選抜制は各地域で廃止される運命となった。

全国でもっとも長く小学区制が維持されたのが、同じ近畿圏の京都府である。

京都では、革新政党に属する蜷川虎三知事の強力なリーダーシップのもとで、1970年代末まで「高校三原則」が堅持された。最終的に小学区制が廃止されたのは、1984年のことである。しかし他方で、それがゆえに京都府内では公立校のなかに突出した進学校が生まれず、成績上位層が私学へ流出する傾向が今日にいたるまで続いている。

ある意味それとは対照的なのが、お隣の大阪府であろう。大阪府では、1973年から2007年にかけて長らく「9学区制」が続いた。大阪市を起点にさまざまな私鉄が放射線状に延びているのが大阪府の特徴であるが、学区もそれに即して編成され、それぞれに公立の名門校が位置するという構造を採っていた。それらの高校の名前を挙げるなら、北野高・茨木高・大手前高・四條畷高・高津高・天王寺高・生野高・三国丘高・岸和田高などである。その名残は現在でもあり、京都に比べると大学進学についての公立高校の評価はとても高い。

議論を全国の動向に戻そう。1970年代の高校急増期を経て、80年代には全国の高校数はピークに達し（約5、500校）、各地で高校の階層構造はある種の極限状態に達した。それ以降生徒数は漸減期に入り、高校教育は実質的な全入期を迎えていくことになる。おりしも1980年代の半ばに設置された臨時教育審議会は、その後の教育改革の動向にきわめて大きなインパクトを与えるものとなった。高校教育については、いわゆる「多様化」路線のもとで、総合選択制高校、単位制高校、総合学科などの新たなタイプの高校が誕生しはじめる。これについては、次章でくわしく述べたい。

そして、時代は2000年代に入る。本章のテーマである「学区制」は、21世紀に入った段階で新たなフェイズを迎えることになる。

4　21世紀に入ってからの大きな変化

全県一学区制へ

2003年の東京都と和歌山県を皮切りに、「全県一区」とする自治体が急速に増えはじめた。2004年には埼玉と福井が、以下、2005年には青森・秋田・茨城・神奈川・石川・奈良が、2006年には滋賀・広島が、2007年には群馬・山梨・鳥取が、2008年には新潟・静岡・島根・大分・宮崎が相次いで全県一区を採用することになった。本章2節でも述べたが、2020年の時点では全国47都道府県のうち過半数を超える26が、全県一区となっている。

「高校三原則」とは対極の位置にある「全県一区」制に、全国の自治体が雪崩を打つように移行していったのはなぜであろうか。何がそれを導いたのであろうか。

答えは簡単である。本書のメインテーマである新自由主義的教育改革の流れが、それを後押ししたということである。より正確にいうなら、前節でみた、「少しでもいい高校に入りたい」という地域住民の本音を実現するための制度的手立てとして、全県一区制が各地で導入されたのである。大義名分は、選択の幅を広げること。新自由主義的な考え方・意識の広がりのもとで、選択肢の増大という論理を覆すことは大変難しい。ふつうに考えるなら、全県一区にしても実際には地理的に通えない高校がたくさん出てくるはずである。しかし、全県からトップの進学校に通える可能性があるという制度をもつことの象徴的意義が大きい、と各自治体の教育行政は考えたに違いない。

こうした動向を直接導くきっかけとなったのが、2002年に地方教育行政法の第50条が削除されたことである。これによって、通学区域の設定は都道府県教育委員会の自由な判断に委ねられることになった。結果として、全県一区を採る自治体が増えただけでなく、多くの自治体で従来の学区数を減らせる（＝学区を広域化する）措置が採られることとなった（図6－2を参照のこと）。

たとえば、高知県では、2010年から高知・東部・高吾・幡多と4つあった学区の撤廃（＝全県一区制）を採用することになった（3年間の移行措置つき）。県立高等学校教育問題検討会において議論が展開され、「高知市内の高校への志願者が増加し、周辺部の高校に生徒減などの影響が出ることが予想されること」、「遠距離通学の生徒が増え、保護者の経済的負担が増すこと」などの反対意見も出たものの、「真に中学生が『行きたい学校』を主体的に選択できるよう、撤廃することが望ましい」という結論が導かれた。あの東西に長く広い高知県の全域で、中学生たちがどの高校でも選べるという状況が成立したのである（高知県教育委員会ＨＰ http://www.kochinet.ed.jp/sinnkoukihonn4/siryou4-4.pdf より。「高校通学区域の見直しについて」）。

北海道では、2000年には全道で55（9地区）あった学区を、2005年には25学区に、そして2008年には19学区にまで減少させた。北海道の面積は大阪府の40倍を超える。とても「一学区」にすることはできない。もともと55の学区があったことも理解しうる。それが現時点では19となっている。単純計算すると、ひとつの学区に大阪府が2つ以上入るということになる。改編の理由は、ここでも「学校選択幅の拡大」である（北海道教育委員会HP http://www.dokyoi.pref.hokkaido.lg.jp/hk/kki/akd/senmonbukai/3rd-shiryou5.pdf より。「通学区域と入学者選抜の改善」）。

大阪府も滋賀県も「一学区制」へ

その大阪府では、どうだろうか。先にも述べたように、大阪府では長らく9学区制が続いたが、2007年にそれが4学区に広域化され、2014年から「全県一区」となった。私の手元に2005年に出された学校教育審議会の答申文がある。そこでは、いくつかのオプションを検討したうえで、4学区にすることが最適であるという結論が提出されている。その理由は、以下のようなものである。

・公立中学校卒業生の学校選択幅の拡大、学区間の府立普通科高校数の不均衡の是正、それぞれの高校の特色ある取組みの推進のため、府立高校の通学区域を拡大する。
・通学区域の拡大によって、それまで進学実績のあった高校への進学ができなくなる地域が生ずることがないよう、現行の通学区域ごとの市区町村の境界線を変更しないことを基本として、現行の通学区域を併せる形で実施する。
・通学区域を拡大するにあたっては、鉄道網による地域の一体性を確保することを配慮する。（大阪府学校教育審議会 2005、9頁）

その後、橋下徹氏が府知事に就任するとともに、公約のひとつであった「全県一区」制が導入されることとなった。2014年のことである。この措置はトップダウンによる有無をいわせぬものであったと記憶する。ただし、一学区制となっても、それほどの「混乱」が生じることはなかった。人々の動きはそう大きくなかったのである。

「特定の高校に志願者が集中し倍率が高くなるのでは」と懸念する声もあったが、フタを開けてみれば進路希望調査で他学区を志望した生徒は前期で3・9%、後期で5・2%にとどまった。（産経新聞2014年3月12日夕刊）

最後に滋賀県教育委員会が作成したレポートを紹介しておこう（滋賀県教育委員会『県立普通科高等学校通学区域——全県一区制度の検証』2017）。

このレポートは、2006年に導入された全県一区制の10年後の検証を試みた興味深いものである。制度がねらった「中学生の主体的な高校選択」や「特色ある学校づくり」の達成状況に加え、「学校選択上の影響」「学校生活への影響」「学校と地域の関係」などの現状を分析し、成果と課題を整理している。

「まとめ」で指摘されているポイントは、以下の3つである（前掲書、20頁）。

第1に、新たに受験が可能になった高校へは普通科進学者の5〜8％が進学しており、主体的な高校選択がすすんでいるといえる。また、過度の集中はみられず、県外への進学割合も減少している。

第2に、中高生および保護者へのアンケートでは、本制度に賛成する者がいずれも9割以上を占め、支持を集めている。また、各高校では、生徒たちのニーズに対応した特色ある取り組みがすすんでいる。

第3に、課題としては、「県南部に人気が集まり、北部の学校に活気がなくなる」「一部の学校の倍率が高くなりすぎ競争が激化している」「人口減少地の高校教育が地盤沈下する」などが挙げられる。

概括的にいうなら、「いくつかの課題は生じたものの、全県一区制はおおむね県民の支持を集め、定着した」というのが、本報告の結論となっている。

以上、2000年代に入っての学区制の動きをいくつかの自治体の事例をもとにたどってきた。端的にいうなら、小学区制の理念は跡形もなく消え去ってしまったということができるだろう。否定しようのない歴史の流れである。

5 まとめ――本音が理念を上回る

50年前は表れなかった2つの層

アメリカのハイスクールの理念から導き出された「高校三原則」から、生徒たちの選択幅の拡大を金科玉条とする「全県一区」へ。この流れは、「高校教育はこうあるべき」という理想・建前論が、「少しでもいい高校へ」という人々の欲望に翻弄され、消し去られていく過程だったと形容することができる。「高校三原則」の理念に若いころに賛同して、研究者としての人生をスタートさせた筆者には残念な事態であるが、それは冷厳な現実として受け入れざるをえない。

3節で紹介した、今から50年ほど前に行われた阪本氏の研究では、地域住民が、5つのグループに分けて捉えられていた（180頁を参照のこと）。それを私なりに簡単に言い換えるなら、次のようになる（ここでいう理念とは、「小学区制」のことである）。

(1) 理念に賛同した層
(2) しぶしぶ理念に従った層
(3) 越境を志向した層
(4) 実際に越境した層
(5) 私学を選んだ層

すでにこの時点で、「理念に賛同した層」は少数派であったことが注目される。小学区制の考え方は、研究者や教師にはともかく、一般の人々の多くにとっては基本的に受け入れがたいものだったのかもしれない。

本書の1章において、私は、現代には4つのタイプの人々がいると論じた。

a 教育を操る人
b 教育を選ぶ人
c 教育を受ける人

d　教育を受けられない人

前述の阪本氏のグループ分けと私のものを比べてみたときにいえるのは、次のような事柄である。

第1に、阪本氏のものは「理念」との対比のうえで人々をグループ分けしているが、私の分け方にはその軸はない。私のものは、人々がそもそも教育なるものをどう捉え、どう対応しようとしているかという戦略的な視点にもとづくものである。そうした視点の選択は、「現代では教育の理念なるものが退潮傾向にある」ことの反映であると考えられる。

第2に、阪本氏のグループ分けは、私のbとcのグループをさらに細かく分けたものとなっている。逆にいうと、私の中にあるaのグループとdのグループは阪本氏にとっては想定外だったということになる。すなわち、a「教育を操る」上層の人々は、50年前にはまだ顕在化していなかったということができよう。またd「教育を受けられない」ような経済社会的に困窮した人々も、阪本氏の研究対象地にはほとんどいなかったということだろう。

高度に階層化・格差化した社会のなかで、人々がそれぞれの教育戦略を繰り出し、さまざまな教育機会・教育機関を利用しているというのが、日本の教育の現状である。新自由主義的な改革の流れがそれに拍車をかけている。

理念や建前を横に置く姿勢

私がかつて暮らしたイギリスでは、第二次世界大戦後、労働党が力をもった1960年代を中心に中等学校（日本でいうと、中学校と高校を併せたもの）の「総合制化」が推しすすめられ、各地に「総合制中等学校」（comprehensive schools）が設立された。その中身は、小学区制下における日本の高校とよく似たものだった。イギリスの学校教育は、ミドルクラス（中産階級）とワーキングクラス（労働者階級）の子どもたちを統合するために展開されてきた歴史をもつ。総合制化は、その切り札といってよい施策であった。

最近出されたある研究書では、労働者階級の子どもたちが学校でどのような経験を積み、どのような大人になっていくかが数々のエピソードを交え、生き生きと描き出されている（Reay 2017）。たとえば、ある労働者階級出身の女性は総合制化の恩恵を受けたと強く感じている。彼女は、中産階級の男性と結婚することによって「上昇移動」を遂げた。総合制化の理念を信奉する彼女は、自らの子どもを総合制中等学校に通わせ、自らはＰＴＡの会長というような役職についている。ただ、その学校の現実は、理念通りのものではなかった。荒れ・低学力が学校を支配し、彼女の子どもは不安な学校生活を送っている。「よき市民であることとよき親であることとの葛藤」（同書、172頁）が、そこには見て取れる。その葛藤は、「建前と本音」の葛藤と言い換えることができるかもしれない。

ただ21世紀の日本では、そのような心理的葛藤をもつ人はそれほどいないのではないだろうか。「公教育」の理念や「市民」としての建前は横に置いておいて、自分および自らの子どもにとっての「よりよい」教育を選び取ろうとする姿勢。悪くはない。しかし、少しさびしいというのが、筆者の「本音」である。

7章　高校教育の現在——卓越性と公正のはざまで

1　私学優勢——高校における卓越性

東大合格者ランキングの推移

6章では、「学区制」を切り口にして、高校教育の歴史的変遷をたどってみた。本章で扱うのは、本書全体を通じてのキーワードである「卓越性」、そして「公正」という概念を通してみた高校教育の姿である。卓越性の原理を軸にする高校の二極化はすすんでいるのか。それに対置される公正の原理は、今日の高校教育のなかでは具体的にどのような形をとって生かされているのか。そういった問題を追究してみたい。

まず、学業面での卓越性についてである。表7－1は、東京大学合格者ランキングの歴史的変化をたどったものである。1950年から2020年までの70年間を、5年スパンでみてみた。表の中の高校は3つの種類に分けられる。明朝の字体の高校は「公立」、イタリック体が「国立」、ゴチック体が「私立」である。

1950年のスタート時点では、トップは日比谷、以下東京都立の高校が続き、9位に神奈川の湘南まで公立高校が並ぶ。10位にかろうじて、東京教育大学附属高校（今日の筑波大学附属高校）という国立の高校が入る。その段階では、いまだ私学は一校もランクインしていない。

しかしながら、次の1955年から開成、麻布といった私立高校が台頭してきて、1970年には兵庫の灘がトップの座に就く。その時点での公立：国立：私立の比率は4：2：4。公立と私立が拮抗した時代だったことがわかる。そして1985年、東京の開成が灘からトップの座を奪う。この時点での比率は1：3：6。私学優位の趨勢は明らかになり、トップ10に入る公立は浦和のみとなった。ついで1995年、とうとうトップ10から公立が姿を消し、東学大付（東京学芸大付属）と筑波大駒場という2つの国立大付属校を除けばすべてが私学という時代となった。その傾向は、2020年にいたるまで変わらない。最新のランキ

（表7-1）東京大学合格者数トップ10（1950〜2020年、5年ごと）

	1950	1955	1960	1965	1970	1975	1980	1985	1990	1995	2000	2005	2010	2015	2020
1	日比谷	日比谷	日比谷	日比谷	灘	灘	灘	開成	開成	開成	開成	開成	開成	開成	開成
2	小石川	新宿	戸山	西	東教大駒場	東教大駒場	開成	灘	灘	東学大附	灘	筑波大駒場	筑波大駒場	筑波大駒場	筑波大駒場
3	戸山	戸山	西	戸山	東教大附	麻布	麻布	ラサール	桐蔭	桐蔭	筑波大駒場	灘	灘	灘	桜蔭
4	新宿	麻布	新宿	麻布	西	開成	筑波大駒場	東学大附	東学大附	麻布	麻布	麻布	麻布	麻布	灘
5	両国	小石川	小石川	東教大附	日比谷	東学大附	ラサール	麻布	筑波大駒場	灘	東学大附	東学大附	桜蔭	駒場東邦	渋谷幕張
6	北園	西	東教大附	新宿	開成	ラサール	東学大附	武蔵	麻布	筑波大駒場	桜蔭	桜蔭	聖光	桜蔭	麻布
7	小山台	東教大附	両国	東教大駒場	戸山	東教大附	武蔵	筑波大駒場	栄光	ラサール	ラサール	駒場東邦	駒場東邦	聖光	駒場東邦
8	西	両国	麻布	灘	麻布	湘南	筑波大附	栄光	武蔵	桜蔭	桐蔭	海城	栄光	海城	星光
9	湘南	小山台	灘	小石川	湘南	武蔵	湘南	浦和	ラサール	栄光	海城	栄光	海城	渋谷幕張	海城
10	東教大附	開成	開成	開成	ラサール	浦和	浦和	筑波大附	千葉	海城	洛南	ラサール	渋谷幕張	東学大附	栄光
公	9	7	6	5	4	2	2	1	1	0	0	0	0	0	0
国	1	1	1	2	2	3	3	3	2	2	2	2	1	2	1
私	0	2	3	3	4	5	5	6	7	8	8	8	9	8	9

［出典］各年度のデータにもとづき筆者作成

ングでは、国立の筑波大駒場が2位と健闘しているが、その他の9校はいずれも私学。開成・麻布・灘という「老舗」以外に、東京の女子校・桜蔭、男子校の駒場東邦、海城、神奈川の星光、栄光、そして千葉の渋谷幕張といった私学が名を連ねている。ちなみに、このなかで共学なのは渋谷幕張だけである。

以上、この70年の間に、トップ10校は完全に公立から私立にシフトしたことがわかる。学業面での卓越性の最上層に今日あるのは、私学である。東大合格者に占める私学出身者の比率は、1950年の段階では3〜4%だったが、2020年には軽く過半数を超え、6割近くにまで達している。

話は変わるが、筆者が東大に入学した1970年代後半においては、同級生の半分以上は浪人生であった（2浪、3浪の者もざらにいた）が、今日その割合は3人に1人ぐらいの水準にまで低下している。現役合格の比率が圧倒的に高まっているということである。ペアレントクラシーの進行のもとで、教育熱心な親は資金とエネルギーを子どもの教育に集中的に投下する。子どもたちの多くは、私立中学・高校に入ることであろう。そうした幼少期からの「蓄積」は、もはや浪人しても容易には埋まらない「格差」となっているということなのだろう。釈然としない気持ちは残るが、それが現実である。

スポーツにおける私立高の卓越性

次に、高校スポーツについての卓越性を検討してみよう。ここで扱うのは、高校野球と高校サッカーという2つの競技である。

まず野球について。夏の高校野球のベスト8校を、公私別に分けて集計してみた。その結果が、表7－2である（太字が私立高）。先と同じように、1950年以降、5年おきに現代（2020年の夏の選手権は新型コロナウイルスの影響で中止。2019年の結果を掲載）までをみた。

終戦直後の1950年には、優勝した松山東をはじめ、7校が公立勢で、私立1校（北海）という内訳であった。1960年代まではその傾向が続く。私学が初めて優勢になった（公立3校、私立5校）のは、東海大相模が優勝した1970年のことである。そこから1980年代までは拮抗した状態が続くが、1990年代になって、私学が優勢となりはじめる。そして、それが決定的となったのが2000年のことである。優勝したのは智弁和歌山、以下ベスト8すべてが私立高校となった。以降、いずれの大会においても、私学の圧倒的優勢が続いている。2010年以降、ベスト8に進出した公立高校は、秋田商と明石商という2つの商業高校のみである。

(表7-2)夏の高校野球ベスト8(1950〜2019年、5年ごと)

年	優勝	準優勝	ベスト4		ベスト8				公	私
1950	松山東	鳴門	濟々黌	宇都宮工	呉阿賀	若狭	米子東	**北海**	7	1
1955	四日市	坂出商	**中京**	**立命館**	津久見	**日大三**	新宮	城東	5	3
1960	**法政二**	静岡	徳島商	鹿島	明石	**北海**	大宮	**早稲田実**	5	3
1965	三池工	銚子商	秋田	高鍋	丸子実	**東邦**	**報徳**	津久見	6	2
1970	**東海大相模**	**PL**	**岐阜短大付**	高松商	**滝川**	大分商	熊谷商	**東邦**	3	5
1975	習志野	新居浜商	上尾	広島商	磐城	**中京**	**東海大相模**	**天理**	5	3
1980	**横浜**	**早稲田実**	**天理**	瀬田工	箕島	**広陵**	浜松商	**甲南**	3	5
1985	**PL**	宇部商	甲西	**東海大甲府**	**東北**	**関東一**	**鹿児島商工**	高知商	3	5
1990	**天理**	沖縄水産	**西日本短付**	**山陽**	丸亀	**横浜商**	**鹿児島実**	**日大鶴が丘**	2	6
1995	**帝京**	**星稜**	**敦賀気比**	**智弁**	**旭川実**	**PL**	金足農	**創価**	1	7
2000	**智辯和歌山**	**東海大浦安**	**育英**	**光星**	柳川	**横浜**	樟南	**長崎日大**	0	8
2005	**駒大苫小牧**	**京都外大西**	**大阪桐蔭**	宇部商	**日大三**	**東北**	鳴門工	**樟南**	2	6
2010	**興南**	**東海大相模**	**成田**	**報徳**	**新潟明訓**	**九州学院**	**聖光学院**	**関東一**	0	8
2015	**東海大相模**	**仙台育英**	**早稲田実**	**関東一**	**九国大付**	**花咲徳栄**	秋田商	**興南**	1	7
2019	**履正社**	**星陵**	明石商	**中京大中京**	**八戸光星**	**作新学院**	**仙台育英**	**関東一**	1	7

［出典］各年度のデータにもとづき筆者作成
※ 2020年大会は新型コロナウイルス感染拡大のため開催されず、2019年のものを掲げた

続いてサッカーについて。高校サッカーに関しても、私学の優勢が顕著になった年代はやや遅れるが、基本的には同じ構図である（表7－3参照。太字が私立高）。

1950年には優勝した宇都宮をはじめ、岡山の関西《かんぜい》を除くとすべてが公立であった。徐々に私学が増えてくるが、初めて私学が優勢となったのは、1995年のことであった（公立2校、私立6校）。優勝した静岡学園をはじめ、ベスト4を私学が独占した。2010年代に入って、私学優勢の傾向ががぜん強まる。2015年には優勝した東福岡を筆頭に、史上初めてすべてが私学に占められることになった。コロナ禍のなかで正月に行われた2020年の大会でも、優勝した山梨学院、準優勝の青森山田、ベスト4の帝京長岡、矢板中央はいずれも私学。かろうじて、市船橋が公立としてベスト8の一角を占めた。

筆者は、1990年代に少年サッカーのパパさんコーチを熱心にやった時期がある。そのころすでにJリーグの下部組織の活動が活発になりはじめており、当時住んでいた神奈川県川崎市では、もっとも力のある子どもたちは川崎フロンターレ、あるいはお隣の市にある横浜マリノスのスクールやジュニアユースなどに移っていくルートが形成されていた。また、筆者が現在住んでいる大阪では、リトルリーグなどの硬式野球がさかんであり、野球少年たちは「特待生」として名門あるいは新興の高校野球部に入るべく、きびしい練習に打ち込む毎日である。

（表7-3）冬の高校サッカーベスト8（1950〜2020年、5年ごと）

年	優勝	準優勝	ベスト4		ベスト8				公	私
1950	宇都宮	小田原	岸和田	高知農	静岡城内	刈谷	札幌西	**関西**	7	1
1955	浦和	秋田商	韮崎	宇都宮工	富山中部	**明星**	**青山学院**	芦屋	6	2
1960	浦和市立	遠野	藤枝東	秋田商	**仙台育成**	島原商	**帝京**	*広大付*	6	2
1965	習志野	**明星**	**京都商**	**新島学園**	大垣工	甲賀	松山工	室蘭工	5	3
1970	藤枝東	浜名	浦和南	**初芝**	国泰寺	**帝京**	徳島商	嵯峨野	6	2
1975	浦和南	**愛知**	静岡工	広島工	大分工	福岡商	島原商	韮崎	7	1
1980	古河一	清水東	**岡崎城西**	韮崎	**帝京**	**八千代松陰**	浦和南	広島工	6	2
1985	清水商	四日市中央	**宇都宮学園**	秋田商	**帝京**	五戸	**鹿児島実**	山口	5	3
1990	国見	**鹿児島実**	**東海大五**	旭	**暁星**	大宮東	習志野	**武南**	5	3
1995	**静岡学園**	**鹿児島実**	**東福岡**	**初芝橋本**	市船橋	佐賀商	多々良学園	**室蘭大谷**	2	6
2000	国見	草津東	**富山一**	**青森山田**	**武南**	**東北**	遠野	真岡	4	4
2005	野洲	**鹿児島実**	遠野	**多々良学園**	**滝川二**	広島観音	**大阪朝鮮**	**鹿島学園**	3	5
2010	**滝川二**	久御山	**流経大柏**	**立正大淞南**	**山梨学院付**	**関大一**	**西武台**	**日章学園**	1	7
2015	**東福岡**	**国学院久我山**	**星稜**	**青森山田**	**明徳義塾**	**駒大高**	**富山一**	**前橋育英**	0	8
2020	**山梨学院**	**青森山田**	**帝京長岡**	**矢板中央**	**昌平**	**富山一**	市船橋	**堀越**	1	7

［出典］各年度のデータにもとづき筆者作成

公立高校の不利なたたかい

ここまでみてきたように、高校の二極化は、「私学強し」を印象づけるような形で進行してきていると総括してよいだろう。スポーツをみると、野球・サッカーのみならず、多くの競技で全国大会の上位は私学が占めるようになってきている。それ以外の領域、たとえば音楽や芸術といったジャンルでも、卓越性を求める層は私学に進学する傾向が強まっていると指摘できる。

また、学業面においても、「トップクラス」の争いは先にみたとおりである。各地域の高校は、いわゆる「偏差値」で明確に階層化されているわけであるが、その中位層や下位層においても公立の高校は不利なたたかいを強いられることになっている。というのも、子どもの貧困対策の一環として、各地で高校の授業料無償化の動きが広がっているからである。家庭の側にとれば、無償化は朗報に違いない。しかし、のちにみるように、大阪のように新自由主義的な政策傾向が強い自治体では、中以下の学力レベルの公立高校はきわめてきびしい状況に追い込まれるようになってきている。平等に競争したら、特色の出しにくい公立は、私学より選択されにくくなるからである。次節では、高校の階層構造というものにフォーカスを当て、検討を加えてみることにしよう。

2　高校の階層構造——ローレンの研究から

「安定期」における高校の階層化

本章に先だつ6章において、高校教育の歴史的な変化について整理してみた。大ざっぱにまとめると以下のようになる。まず、1970年前半までに高校教育は急拡大し、普遍化の段階を迎えた（拡大期）。その後1990年代まで、それはある種の定常状態を維持し、各地で高校の階層構造が明確化・固定化されていった（安定期）。21世紀に入り、本章の4節でくわしく述べる多様化政策の影響を受け、高校のリストラが図られるようになってきている（再編期）。

本節では、前章でもふれたアメリカ人研究者、T・ローレンの仕事を取り上げ、右の3つの時期の2番目（安定期）に形成された高校の階層構造なるものの内実に迫っておきたい。氏は1970年代半ばの神戸を舞台に、5つの高校において丹念なフィールド調査を行い、当時の日本の高校教育の形を見事に描き出した。筆者もその翻訳にかかわった氏の主著『日本の高校—成功と代償』（1988、原著1983）は、日本の教育を扱った外国人の手による「名

(表7-4)各校のプロフィール

名称	タイプ	生徒数	大学進学率(%)	短大進学率(%)
① 灘高校	私立普通科	675	100	0
② 岡田高校	県立普通科	1,275	72	14
③ 大谷高校	市立普通科	1,220	62	25
④ 耶摩高校	市立商業科	1,200	6	10
⑤ 桜高校	市立定時制	210	2	6

[出典] ローレン(1998、55頁)

作」のひとつとして名高い。

日本人にとっての高校生活を考えるとき、「どのランクの高校に通ったか」が決定的であると知ったローレン氏は、5つの異なるタイプの高校をピックアップし、それぞれで約2カ月間の「密着取材」を行った。氏の日本語のレベルは完全にネイティブ(=日本人)のレベルに達しており、その身のこなしも完璧に日本人的なものであった。文化人類学者の「かがみ」のような人であったともいえる。各校で教師や生徒たちと良好な関係を築いたのであろう氏の記述は、日本人研究者でも及ばないほどの広がりと奥行きをもつものとなっている。

氏がピックアップした5校は以下である(①以外の4校は仮名)。

「灘」は、前節にも出てきた、有名な進学校である。「岡田」は県立の進学校、「大谷」は神戸市立のまずまずの進学校、そして「耶摩」は商業高校、「桜」は定時制高校という並びとなっている。右端の欄に「短大進学率」とあるのは、当時は女子

(表7-5)高校生たちの家庭背景(1975年のもの)

	灘	岡田	大谷	耶摩	桜
兄弟(人)	2.1	2.3	2.4	2.8	2.9
母親の就業(%)	15	22	21	30	34
欠損家庭(%)	1	0.07	2	13	15
大卒の父親※(%)	60	不明	33	6	2
勉強部屋の有無(%)	99	86	77	71	58
通塾率※※(%)	91	78	68	37	39
小学生の時の通塾率※※(%)	74	43	37	40	24

「※」は旧制専門学校卒を含む。「※※」は家庭教師を含む。[出所] 1975年次の各高校の統計資料
[出典] ローレン(1998、115頁)

の進路として「短大」がかなりメジャーだったことの名残である。

高校の階層化構造と家庭背景の対応関係

次の表7－5は、各校の生徒たちの家庭背景を比較したものである。筆者は、オリジナル（英語）版にあったこの表を初めてみたとき、大いに驚いた。そのころ駆け出しの研究者であったが、日本人にはこのような情報を集めることは到底不可能に思えたからである。格差や貧困が大きな社会問題となっている今の時代ならまだしも、40～50年前の当時、このような情報を収集・公開することは「ご法度」であった。「アメリカ人だからこそ、情報提供してもらえたんだな」と、想像したものである。

それはともかく、この表に表れているのは、高校の階層構造と生徒たちの家庭背景との見事なまでの対応関係である。「通塾率」や「父親の大卒率」や「欠損家庭率」(現代的にいうなら「単親家庭率」)は理解の範囲内であるが、いちばん上の「兄弟数」までもが学校ランクと対応関係にあるという事実には驚かされる。要するに、高校の階層構造は、社会の階層構造とパラレルな関係にあるという社会学的な事実を、この表は如実に表している。

続く表7－6は、灘高校と耶摩高校の生徒たちの父親の職業を比較したものである。今日では、学校が生徒たちの父親の職業に関する情報を系統的に集めることは不可能であるため、この表は歴史的価値をもつものであるともいえる。灘高では、「会社役員」「自営業」「医師」「公務員」といった職業が上位に並んでいるのに対して、耶摩高では、「金属工」「タクシー運転手」「土木作業員」などの現業的な仕事が目立つ。60名中5名の父親がすでに「死亡」しているという数字も目を引く。

ローレン氏は、学校組織、人間関係、授業、日常生活といった諸側面について、各校でみられるバリエーションやコントラストを的確に描き出している。そして、5つの高校が、生徒たちに異なるタイプの社会化をほどこすことによって、彼らを社会構造上の異なるポジションに送り出す様子を見事に活写している。実はローレン氏が神戸の高校で調査に携わっていた時期は、筆者自身が高校生だった時期とぴったり重なる。ローレン氏の記述が心に響き、その主張が胸にストンと落ちるのは、そういう事情も関係しているのかもしれない。『日本の高校』に描かれている、外国人の目からみた高校の姿は、今から40年以上も前のものとは思えないほど色あせない輝きを保っている。

（表7-6）高校生たちの父親の職業（1975年のもの）

耶摩高	
会社員	18
自営業	6
事務員	5
金属工	5
無職	5
死亡	5
タクシー運転手	4
土木作業員	2
工員	2
郵便局勤務	1
船乗り	1
沖仲仕	1
飲食店勤務	1
ゴルフ場勤務	1
音楽の教師	1
船舶工	1
計	60

灘高	
会社員	41
会社役員	16
自営業	11
医師	10
公務員	8
教員	3
不明	3
大学教授	2
牧師	1
工員	1
警察官	1
小工場主	1
理髪業	1
死亡	1
計	100

［出典］ローレン（1998、115頁）

3 生徒文化はどう変わったか

生徒文化の変遷

教育社会学のなかに、生徒文化論というジャンルがある。中学生や高校生が、学校生活を送るなかで形成していくのが生徒文化である。生徒文化は、そのときどきの社会のなかにある若者文化・地域の文化と、学校という制度が有する学校文化との影響を受けつつ形成されていくものとされる。

ローレン氏が描いた時代の高校生文化のありようを図式化したものが、次の図7－1である。生徒文化は、3つのタイプに分けることができる。いわゆる「優等生」「まじめ」型と呼ばれる生徒たちが有する、学校文化に適合的な「向学校文化」、それとは対極的に、学校生活になじめない「非行・逸脱」型の生徒たちが入っていく「反学校文化」、その両方の極の間に存在する、「遊び」「交友」型の生徒たちが所有する「脱学校文化」。そしてそれらと、高校階層上の位置との関係を模式的に示したのが図7－1である。

この図式の背景にあるのが、「地位欲求不満」説という考え方である。その考え方は、次

(図7-1)「高校生の生徒文化の分化」についての伝統的図式

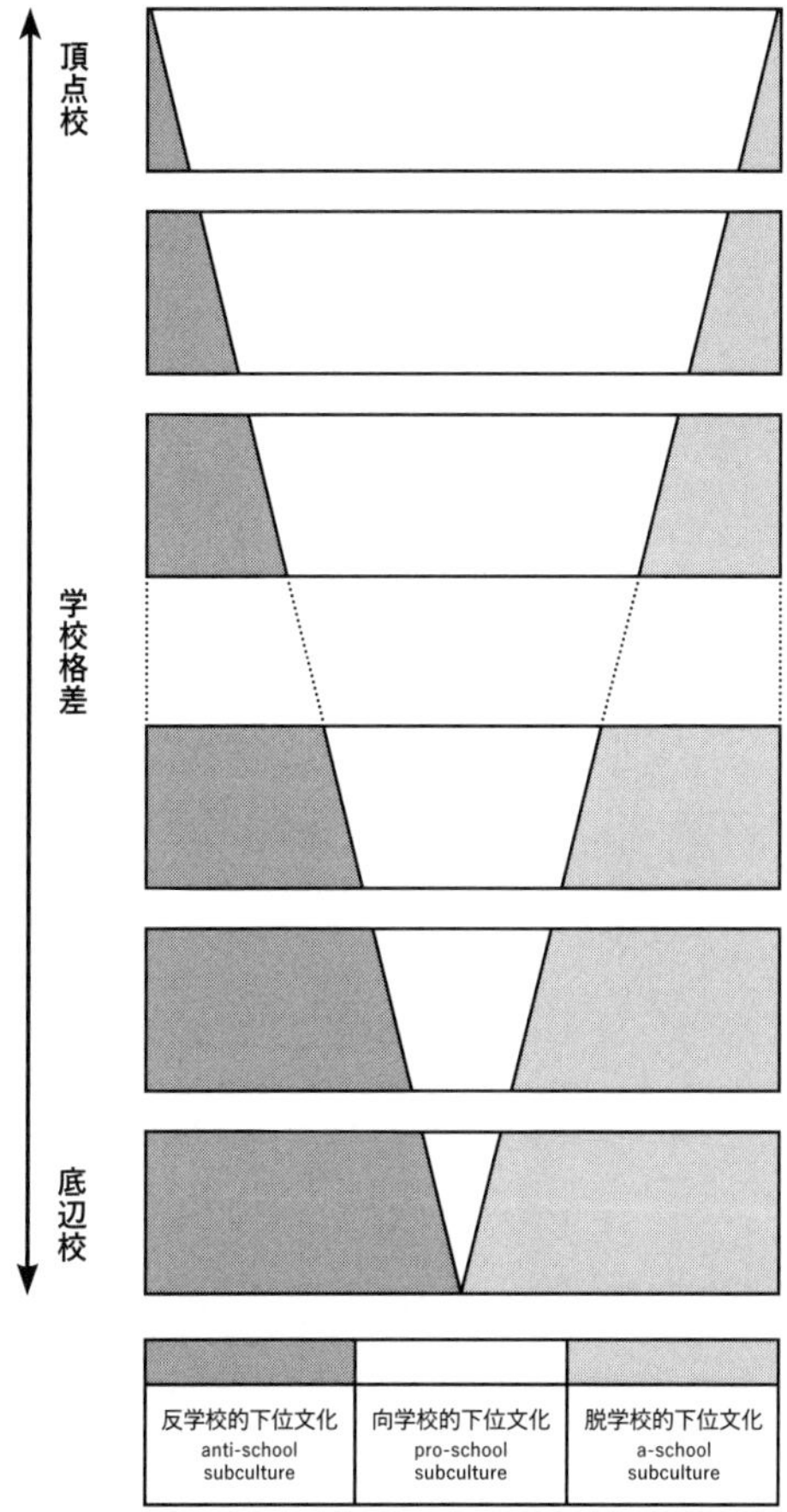

[出典] 岩木・耳塚(1983、11頁)

のようなものである。すなわち、学校が提示する価値（＝まじめに勉強をする、先生のいうことをよく聞く）にうまく適合できれば、周囲からの承認を得、学校のなかで相対的に高い地位をキープすることができる。逆に、それに適合できない場合に、学校のなかでの地位が下落し、その地位に欲求不満を抱くようになる。それが、反学校文化形成のきっかけになるという考え方である。つまり、「学校のなかで満たされない思いが反学校文化のひきがねとなる」わけである。

筆者が中高生であったころを思い出すと、その考え方にはリアリティがあった。自分自身は学校の勉強が得意だったがゆえに、「向学校」的な態度・価値観を有したが、勉強が不得意な仲間は次第に「反学校」的な振る舞いをするようになることが多かった。というか、ワルやヤンキーのなかには、ほとんど勉強の得意な人間はいなかった。学校のなかでの満たされない思いが爆発し、校内暴力や学校外での逸脱・非行行動に走っていたのである。ローレン氏の対象校でいうなら、灘高や大谷高生の大部分は「向学校」的な生徒。逆に耶摩高や桜高では「反学校」的な生徒が一定数存在し、教師たちは生徒指導に労力を傾けざるをえなかったということになる。

バブル崩壊が分岐点

そうした伝統的な把握は今日成り立たなくなっており、新たな高校生文化が立ち上がってきていると議論するのが、大多和直樹氏である。氏はその分岐点を、1990年代初頭の「バブル経済の崩壊」に設定する。その前後で高校生は変わったというのである（大多和 2014）。バブルの崩壊がなぜ分岐点になるかというと、それを境に日本経済が悪化し、高卒層の雇用環境が急変したからである。1章でも述べたように、この分岐点以前には、日本社会は「平等社会」と称揚されることが多かったが（ローレン氏の議論もそのスタンスに立つものであった）、それ以降は「格差社会」が一般的な形容句となる。かつては、「実績関係」と呼ばれる雇用慣行があり（苅谷 1991）、高校と各地域の企業の結びつきは強く、学校経由の就職が一般的であった。そこでは、まじめに高校生活を送れば、そこそこの企業に就職することが可能であった。しかしバブル崩壊以降は、その結びつきが維持できなくなり、高校階層構造の中位以下の生徒たちにとっては「学校でまじめにやること」の意義が薄まり、アルバイトや学校外での生活を重視する「パートタイム生徒」（堀 2002）と呼ばれる層が誕生することになる。

大多和氏は、そうした社会変動に伴う生徒文化のありようの変化を、図7－2のような図式で表現している。

図7－2の左側は、すでに説明した事柄である。日本の高校生の非行（反学校）文化は、地位欲求不満説で説明できるとするもの。右側が、1980年代後半以降に出現した新しい事態である。そこでは、斜線の左側は相変わらず地位欲求不満説で説明できる部分であるが、斜線の右側に新しい領域が広がっている。社会階層的にみた場合の「下位層」、そして「中位層」が主として位置づくその領域では、学校の役割が相対的に小さくなり、それに代わって学校の外側に広がる若者文化・消費文化の重みが増し、その影響によって非行的な文化が生成されるとする。

筆者なりにわかりやすく説明すると、次のようになる。日本の生徒文化論が参照してきた欧米の生徒文化論では、生徒たちの文化がどのように形成されるかというテーマに関して、主に2つの要因が言及されてきた。学校と家庭である。これまでみてきた「地位欲求不満」説は、そのうち学校に重点を置いた見方である。他方、家庭に重点を置いた見方として提唱されてきたのが「階級文化」説である。3章でふれたブルデューやラローの見方がそれに相当する。すなわち、学校文化に適合的な中産階級で育った子どもたちは「向学校」的となり、学校とは対立的要素をもつ労働者階級文化のなかで育った子どもたちは「反学校」的となりやすいとするのである。大多和氏の主張は、日本が格差社会と形容されるようになって以降

（図7-2）非行的文化の生成メカニズムの変化

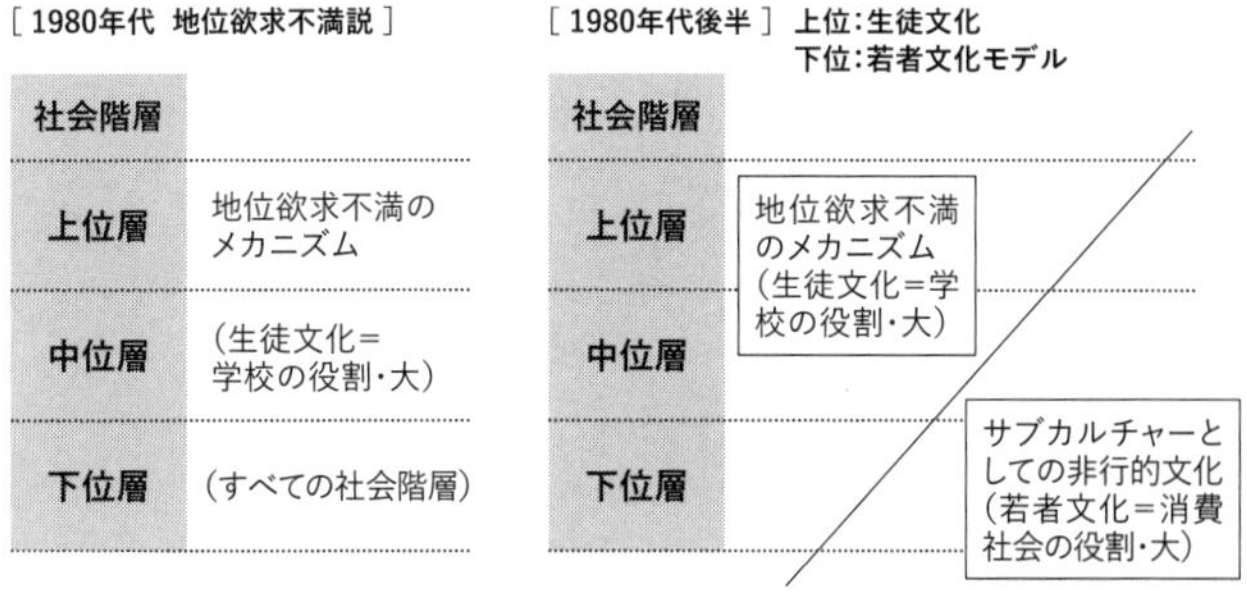

［出典］大多和（2014、75頁）

の時代では、「がんばって勉強しよう！」と考える層は上層に偏っており、そこでは地位欲求不満説が相変わらず当てはまるが、「別に勉強なんて……」と考える層が社会の中層以下に広がるようになっており、その層に対して学校教育は大きな意味をもたなくなっているということである。格差社会は、ペアレントクラシーの社会でもある。「教育を選ぶ層」と「教育を受ける層」の分断と論じてきた主題を異なる言葉で言い換えたのが、この大多和氏の議論であるともいえる。

「指導から支援へ」

大多和氏は、その変化に対応するように、学校階層において中層以下に位置する高校側の指導のあり方も、「学校主導型」から「生徒支援型」に変わってきたと指摘する。前者は、きびしい校則に代表されるような厳格な管理体制によって、「学校内の独自の秩序」「純粋な形での規律空間」(大多和前掲書、100頁)を編成して、生徒を社会化していこうとするものである。それに対して、後者の生徒支援型とは、「生徒の『やりたいこと』を支援することを軸とした」教育モデルのことである。生徒たちの自己実現のために自主性を生かそうとしたり、学校を生徒たちの居場所とするための場づくりを心がけたりすることが、その中身となる(同前書、115－120頁)。

思い起こせば、「指導から支援へ」というスローガンは、1990年代の学校現場でさかんに喧伝された言葉である。小学校で、考え方を学ぶときには計算にわずらわせることがあってはならないと電卓が教室に持ち込まれたり、鉄棒で逆上がりするときにケガをしてはいけないとお尻を支えるベルトが使われたりするといった事柄が目立った時期があった。「いかがなものか」と感じたのが正直なところだが、日本の学校・教師は、そのころから全体として「やさしく」なってきたといえる。「選択の自由」や「消費者へのサービス」をモットーとする新自由主義的な政策志向が、それに拍車をかけているのが今日の教育界である。

4 高校教育の「多様化」――政策の流れ

教育「多様化」の布石

生徒という「教育の受け手」の変化は、先に述べた通りである。他方で、「教育の送り手」の方は、ここまで述べてきたような社会変化にどう対応したのであろうか。本節では、高校教育が普遍化した1980年代以降の高校教育政策について振り返ってみることにしよう。

改革の基調となったのは、1980年代後半の臨教審における議論である。そこで初めて教育の「自由化」あるいは「規制緩和」が議論の組上にあげられた。最終報告では、その部分は「教育の個性化」ないしは「個性尊重の原則」という表現に後退したとされるが、高校教育の分野においては、それは1990年代以降の「多様化」と呼ばれる改革路線につながっていくことになる。

すでに1980年代には、同世代の95%ほどが高校に入学していた。そして、ローレン氏の研究で扱われているように、学業的に、そして社会階層的にほとんどすべての層の生徒たちが高校に収容され、それぞれの学校生活を送っていた。1990年代を迎えるころには、さまざまな層に応えるための「多様化」が不可避の状況となっていたのである。そして、1991年に第14期中央教育審議会によって、「新しい時代に対応する教育の諸制度の改革について」と題された高校の教育改革プランが発表された。そこから、高校教育の多様化・個性化を主眼とする改革が走り出すこととなる（西本 1996、21－22頁）。

いくつかの新タイプの高校の登場

まず、いくつかの新しいタイプの高校が創設された。第1に、1993年からスタートした全日制の「単位制」高校である（定時・通信制については1988年から）。単位制高校とは、学年や学級にとらわれることなく、個別の授業の「単位」を集めて卒業へといたる、大学のような履修システムを備えた高校のことである。これは主として、不登校生や高校中退者にとっての「受け皿」として発想された学校種別だといってよい。

第2に、続く1994年には「総合学科」高校が新設されることになる。総合学科とは、普通科、職業学科に続く第3の類型として設置されるものであり、選択の幅が広いことが一番の特徴である。進学準備教育偏重になりがちな普通科、狭い職業教育に特化しがちな職業科の欠点を補うために創設されたものであり、ある意味「高校三原則」のうちの「総合制」

のリバイバルともいえる性質をもつものである。高校入学段階で明確な将来の希望を有していない者に対して、さまざまな選択肢を提供しうる高校として構想された。

そうした制度的に新しい学校種別の創設に加え、既存の各高校における「特色ある学校づくり」が推奨されることとなった。第１に普通科内、および職業科内での新たな学科やコースの新設である。前者では、文理科、英語科、国際文化科、社会福祉科、音楽科、体育科などが、後者では、生物工学、情報技術、国際ビジネス、情報処理などが代表的なものである。

次に注目されるのが、各高校における経営努力である。たとえば、神奈川県では高校ごとに「魅力と特色ある高校づくりプラン」が作成され、学校の伝統・実績、地域の特性・生徒の実態をふまえた特色づくりが展開されている（西本前掲論文、26頁）。また大阪府では、「入れる高校から入りたい高校へ」を合言葉として、同様の特色ある学校づくりが展開されている。

ちなみに全国の高校生数は、１９８９年の約５６４万人をピークに減少が続いており、２０１９年では約３２３万人となっている（１９８９年の約57％）。高校は今日、実質的には「希望者全入」の様相を呈しており、生徒数減を背景とする再編整備が急務になっている。先にも述べたように、高校授業料無償化の動きが全国で広がるなかで、平たくいうなら、公立高校は私立高校と生徒を「奪い合う」状況となっている。私学は経営がかかっているので、当然のことながら死に物狂いで手を打ってくる。そのような状況のもとで、公立高校が無策であるなら、生徒たちが私学に流れていくことは必定である。公立部門全体の存続を図っていくための、魅力ある高校教育政策の構築が各自治体に求められている。次節では、「卓越性」の軸が幅をきかせる高校教育の分野で、今ひとつの「公正」の軸を打ち出し、ユニークな教育を展開してきた大阪府の事例を取り出し、両者の関係性についての検討を行ってみることにしたい。

5　卓越性と公正のバランス——大阪府の事例から

大阪府の試み

1章で、高校段階においては卓越性と公正のバランスが大切だと書いた。しかし前章および本章でみてきたように、高校では卓越性の方が優先的に扱われ、それに特化した取り組みを展開しやすい私立高校が幅をきかせるようになっている現状がある。そうしたなかで、大阪府は、卓越性と公正のバランスをとるべく高校政策の舵取りを行ってきた。本節では、府教委のトップを務めた経歴を有する2人の人物の証言をもとに、その動向に検討を加えてみたい。

おふたりとも高校教師がキャリアの出発点である。ひとりは、1990年代半ばから十数年間府教委に勤務し、2005～06年にはトップの役職である教育監を務めた成山治彦氏（現宝塚大学顧問）、今ひとりは、2000年代に入ってから府教委勤務となり、2017～18年の2年間同じく教育監の役職にあった橋本光能氏（現武庫川女子大学教授）。大阪では、2007年12月に橋下徹氏が府知事に就任し、新自由主義的な教育改革を断行した経緯がある。それ以前の政策については主として成山氏の、それ以降については主として橋本氏の書いた文書および聞き取り記録をもとに、考察を加えていくことにしたい（注1）。

両氏とも、「しんどい子に寄り添う」「子どもの背景を見据える」「家庭・地域とつながる」といった大阪の教育の特徴のルーツは同和教育にあるという。義務教育機関においては、それは1970年あたりにスタートしたが、高校においては、1970年代半ばに設立された「地元高校」がその出発点となる。「地元高」とは、「地域の小中学校で培ってきた同和教育・人権教育の取り組みを発展させてくれるような高校をつくってほしい」という地域の人々の願いにもとづいて新設された高校のことであり、府内全域で合計10校ほどの「地元高」が設立された。全国的にみると、高校急増期といわれた時代のことである。

同和教育の精神は、本書の最大のキーワードのひとつである「公正」の原理と、多くの共通点をもつものである。学校現場で同和教育・人権教育実践を経験した教師たちのなかに、教育委員会の指導主事になる人物が現れるようになってから、大阪の教育は「公正」の原理を強く打ち出す施策を続々と打つようになっていったといえる。

成山氏によると、大阪の高校教育の転換点は１９９０年以降の国際教養科・体育科・音楽科・芸能文化科などの、普通科における特色ある学科の設置であった。さらに、１９９６年以降の総合学科の設置がそれに続く。１９９５年の大阪府学校教育審議会答申では、総合学科の創設・単位制高校の創設・定時制高校の改革・普通科高校の特色づくりなどが提言された。先にみた全国的な動向とパラレルな動きであった。さらに１９９９年の「大阪版教育改革プログラム」では、生徒減少に伴う高校の再編が盛り込まれた。

以下は、氏の文章からの引用である。

この時期には、中学校卒業生のほとんどが入学するようになっていたわけですから、中学校教育が直面している問題、とりわけ幅の広い学力の格差にどう対応するかが高校教師の重要問題になります。授業のあり方、生活指導のあり方、進路指導のあり方等々、すべてが見直しを迫られたわけです。生徒の多様化に対応し切れていない画一的教育課程、不本意入学と中退の問題ですね。

この時期のスローガンが、「入れる学校」から「入りたい学校」へというものであった。各高校における「自助努力」が求められたのもこの時期のことである。

画期的な2つの施策

そうしたなかで、きわめて大阪的な、画期的な2つの施策が実行に移されることになった。ひとつは「外国人特別枠」、今ひとつは「自立支援生枠」の実施である。

「帰国・渡日生外国人特別枠」は、1990年に「海外帰国子女枠」が設定されることになったのに合わせて導入された。当時、中国残留孤児の人々の帰国に伴い日本に来る家族の子どもたちが大阪には多くいた。彼らを、高校に受け入れようとなったのである。その後中国帰国生だけでなく、「ニューカマー」と呼ばれる外国人生徒を受け入れる制度に発展していった。今日では、かなりの自治体がそのような枠を設定するようになってきているが、その歴史の長さ、受け入れ人数の多さ、彼らに対する取り組みの豊かさという点で、大阪は抜きん出ている。

2021年現在、府立高校7校における帰国・渡日生外国人特別枠には合計で275名が学んでいる。

筆者を代表とする研究グループは、２００８年に『高校を生きるニューカマー――大阪府立高校にみる教育支援』（志水　２００８ａ）という本をつくった。そこで明らかになったのは、その時点で全日制高校に入学する外国籍生徒の比率は大阪が圧倒的に全国一である、という事実であった。わかりやすくいうなら、大阪府は、異なる文化・言語をもつ生徒たちに対して、やさしい入学試験制度（辞書持ち込み、時間延長など）をいち早く取り入れ、彼らに高校教育を保障しようとしてきたということである。

他方、「自立支援生枠」とは、１９７０年代後半に松原高校や柴島高校で始まった知的障害のある生徒との交流（「準高生」の取り組み）を基盤として、２００６年に大阪府の独自の制度として設定されたものである。それぞれの受け入れ校に数人の知的障害のある生徒たちを受け入れ、「仲間とともに学ぶ」高校教育を行おうという制度である。併せて、特別支援高校に在籍しながら、指定された高校に毎日登校する「共生教育推進教室」も制度化された。２０１６年の数値では、自立支援枠では合計11校（大阪市立高含む）で99人が、「共生教育推進枠」では8校で64人が学んでいるということである。

インクルーシブ教育の先がけ

高校では、当初の「高校三原則」の時代から、「希望者全入主義」に対立する「適格者主義」が優勢であった。前述した外国にルーツのある生徒についても同様であるが、「勉強についていけない者は高校に入るべきではない」という常識が、日本ではいまだに根強い。しかし大阪では、通常の授業にはほぼついていけない、知的障害のある生徒でも「仲間と一緒に学ぶ権利がある」と考え、そのための制度・仕組みを整えてきたわけである。これは、現在の用語を使うなら「インクルーシブ教育」の先がけとでもいうべきものである。

この時期の大阪の教育を、成山氏は次のようにまとめている。

> 大阪の教育は「しんどい子どもに寄り添う教育」を特徴にしてきたが、臨教審の「個性化」「多様化」に対応する形で、偏差値の高い大学への受験競争の過熱化に抵抗しつつも、個性化を進める観点で多様な分野での卓越性の伸張を目指すようになった。音楽科や造形学科、芸能文化科、体育科、英語科など。
>
> 最後まで残ったのが、いわゆる偏差値の高い高校でのリーダー育成。安易な受験勉強による進学率の引き上げはしないが、これからの社会のリーダーを育成する視点から、20

03〜2007年度までの5年間、「時代をリードする人材育成研究開発重点校」を17校指定。2011年には、「グローバルリーダーズハイスクール」10校に普通科をなくし、文理学科を設置した。

「帰国・渡日生外国人特別枠」や「自立支援生枠」といった革新的な仕組みをつくる一方で、私立高校にも負けない学業面での卓越性も追求しようとしたということである。

2007年に橋下氏が府知事になって以降、その大阪の教育に「嵐」が吹き荒れることになった。その「嵐」の中心ともいえるものが、2012年に成立した大阪府の「教育行政基本条例」「府立学校条例」という2つの条例である（志水 2012a）。このなかで、高校教育の部分に関してもっとも重要な意味をもつ規定が、「3年連続して定員割れを起こし、改善の見込みがない場合は再編整備の対象とする」というものである。維新の会が提出した当初案では「統廃合の対象とする」という文言になっていたものの、教育委員会との検討のなかで何とか「再編整備」という文言に落ち着いた。しかしながら、この規定は「人気のない高校はつぶす」という明確なメッセージをもつものである。そして現実に、これまで何校もの府立高校が再編整備の対象となり、学校の歴史に終止符を打つことになった。

自由競争の開始

先に述べたような状況のなかで、生徒減少期の今日、公立高と私立高は生徒を奪い合う状況になっている。以前の大阪では、公立高と私立高にすすむ生徒はおよそ7：3にしようという「紳士協定」が両者の間にあったのだが、橋下改革の影響下でそれは取りやめとなり、「自由競争」の時代が始まった。先に述べたように、大阪では外国籍の生徒が全日制の高校に進学する比率は他自治体に比べて高いが、それは公立部門のなかに、特別枠校を含む「面倒見のよい」学校がたくさん存在しているからである。しかしながら現状では、そうした「だれもが通いやすい」学校は、偏差値基準では低いランクに位置づけられがちなため、「定員割れ」を起こし、その結果再編整備の対象となりやすい。つまり、公正の原理を体現し、「しんどい層」の生徒にとっての「救い」の場であった高校のかなりの部分が、今日存続の危機にさらされているということである。

大阪のような大都市ではどこでも、高校の大規模な再編整備計画が進行中である。たとえば、「5年間に5つ高校を減らさないといけない」となったときに、どのような理屈がありうるだろうか。どの学校も生き残りを目指すし、どの地域でも高校は残ってほしい。そうすると、「定員割れした」（=人気がない）という「客観的」事実が、統廃合の言い訳に使われやすいことはわかっていただけよう。

橋本光能氏は、卓越性と公正（氏の文章の中では「公平性」と表記されている）の関係について、「両方を高い水準で両立させること」を目標としたと指摘する。

「卓越性」と「公平性」は二律背反のものではない。したがって、進学志向の強い高校は「卓越性」を、進路多様校は「公平性」をミッションとするといった短絡的なものではない。すべての生徒の力を最大限に伸ばし、すべての学校が「入ってよかった」学校となるよう、すべての学校において、すべての生徒に対して「卓越性」と「公平性」の両方を高水準で追求することが理念の根本である。

橋本氏が府教委で敏腕をふるった時期は、橋下知事（およびそれを継承する松井知事）の強い影響下にある時期と重なる。そのなかで、学業・進学面での卓越性を先端的に追求する施策として、「グローバルリーダーズハイスクール」の取り組みがある。大阪は長らく9学区制を敷いていたが、それらの学区のトップ校を中心とする10校を選び、大阪の公立高校を引っ張る存在として重点的にサポートしたのである。

エンパワメントスクールの推進

その一方で、橋本氏がエネルギーを注いだのがエンパワメントスクールの設置である。エンパワメントスクールとは、「『学び直し』と『自立』を支援するための高校」と説明される。2015年の3校（西成、長吉、箕面東）を皮切りに、現在8つのエンパワメントスクールが存在している。橋本氏はいう。

僕が一番やりたかったのはこれなんですよ。結構思い切ってやりましたね。学級定員を35にしたり、入試のやり方を大きく変えたりして。今まで高校は適格者主義というか、一定の勉強できる子をペーパーテストで選んで、「来てもいい」という思想だったですよね。でも、小学校の低学年でつまずいてる子もいるしね。で、「小学校でつまずいてる子、おいで！」って言ったんです。何もしないままこぼしていくより、やることやって、ちょっとでもこぼれる子を減らそうと思ってね。人材も厚く配置し、座学だけと違って、いろんな体験活動等を重視しました。

エンパワメントスクールについては、今はまだ卒業生が出はじめたところで、「10年経たないと評価はできない」とのこと。しかしながら、大阪が大事にしてきたもののエッセンスがそのなかに詰め込まれていることに間違いはない。

一方のグローバルリーダーズハイスクールに関しては、結果が出ているといってよい現状である。東京や京都などに比べると、大阪の公立高校は進学に強い伝統がもともとあった。しかし、近年さらにその傾向が強まっているという。その代表が、府立の雄・北野高校である。2020年の京都大学合格者ランキングでぶっちぎりの1位が北野である（ちなみに2位も公立の奈良高校）。

本章の冒頭に、東大合格者は圧倒的に私学出身者が多いと指摘した。しかし、目を西に移せば、京大合格者のトップは大阪府立高校である。トータルすると、大阪においては、絶妙のバランスで卓越性と公正とが共存していると表現できるかもしれない。そのことを、ここで改めて強調しておきたい。

注

(1) 成山氏に対する聞き取りは、2020年12月16日に行われた。本文中に引用した文章は、事前質問に対する回答として用意していただいた文書からのものである。また、橋本氏に対する聞き取りは、2020年12月25日に行われた。本文中に引用した文章は、教育監在任中に、氏が大阪府の校長会用に執筆した「激動の平成20年代――我々はどう生きてきたのか」という文書から採ったものである。

8章　多様化か、複線化か——学校体系のゆくえ

1　複線型学校体系と単線型学校体系

複線化への根強い流れ

Ⅱ部を締めくくるにあたって、本章では、「学校の二極化」の究極の形態としての「学校体系の複線化」という問題について検討したい。

これまでもみてきた通り、１９８０年代半ばの臨教審以降、教育改革の最大のキーワードのひとつとなっているのが「多様化」という考え方である。「国民に多様な教育機会を提供

する」ことが、度重なる教育改革の重点項目とされてきた。

「多様な教育機会」というものに、表立って異議を唱える者はそういないだろう。人々にとっての教育機会は、多様な方が、多様でないよりも、いいに決まっているからである。しかし、「多様化」という言葉は、教育改革の真の意図を覆い隠す体のよいレトリックだ、という見方があることもまた事実である。そこでは、「多様な教育機会の創出」とは、「エリート教育の推進」の言い換えにすぎないとみられている。本章では、この問題について考えていきたいと思う。

もともと世界（とりわけヨーロッパ）の学校は、複線的なもの（＝複線型学校体系）としてスタートしたという歴史的事実がある。社会の支配層（＝貴族）のための学校と、非支配層（＝庶民）にとっての学校とが、別系統で存在する時代が続いたということである。日本についていうなら、前者には「藩校」や「学問所」といったものが、後者には「寺子屋」と呼ばれた存在を当てはめて考えることができる。ヨーロッパ、たとえばイギリスについてみると、前者の代表が「パブリックスクール」と呼ばれる全寮制の学校であり、後者には教会に付設された「日曜学校」などを挙げることができる。前者はオックスフォードやケンブリッジといった大学に通じており学問の道を究めることができたが、後者にはそのような展開の可能性はなかった。

世界的にみると、そうした複線型学校体系が見直されたのが、19世紀半ばのことであった。イギリスで義務教育がスタートしたのが1870年のことである。アメリカではそれに先立ち、1852年にマサチューセッツ州で義務教育が始まった。日本でも、明治5年（1872）に学制が発布され、義務教育が整備されていった。ただし、第二次世界大戦前までの日本の教育は、典型的な複線型学校体系をもつものであった。初等教育は国民全体に開かれていたが、（旧制）中学校・高等女学校・実業補習学校からなる中等教育は、1〜2割程度の者にしか開かれていなかった。中等以上の教育は、「エリート」層にしか実質的に活用できないものであった。

6章でみたように、戦後教育改革によって、日本にはアメリカ型の「単線型学校体系」が導入されることになる。単線型の学校体系とは、小学校→中学校→高校→大学ときれいに1本の筋が通っており、本人の希望と経済的裏づけさえあれば何の制度的な障壁もなく上の学校段階に進めるシステムのことを指す。そうしたシンプルな構造をもつ学校体系のもとで、戦後日本の教育は劇的に拡大し、日本の経済的繁栄をもたらす原動力となった。

世界の教育の流れは、ほとんどの国で複線型→単線型の経緯をたどっているのであり、筆者自身も単線型学校体系をより望ましいものだと考えている。しかしながら、戦後日本の教育改革の歴史を振り返ると、学校体系を複線型のようなものにしようという動きがしばしば表に現れてくることがわかる。本章では、そのうちの代表的なものである3つの学校タイプ――「高等専門学校」（1962年発足）、「中等教育学校」（1999年発足）、「義務教育学校」（2016年発足）――を取り上げ、検討を加えてみることにしたい。

2　高等専門学校――中級技術者を育成する

産業界の要請で生まれた高専

高等専門学校（以降、「高専」）という学校種は1962年につくられた。今から60年ほど前のことである。高専とは、高校と大学の両側面をもつユニークな教育機関である。一般には、高専というと「ロボコン」のイメージが強い。全国の高専生が自分たちでロボットを製作し、出された課題を競い日本一を決めるコンテストである。現在高専は、全国で57校（うち公立2校、私立3校で、他はすべて国立）が存在している。

ここで高専を取り上げるのは、それが戦後の学校体系の複線化を導く最初のケースだと位置づけうるからである。「多様化」路線は臨教審以降に推進されるようになったと先に述べたが、それはもっと以前からあったとする主張もある。1962年に「産業界からの強い要望によって6・3・3・4制の唯一の例外として高専制度が創設され、年を追って拡充・整備されてきた」(葉柳 1976、95頁)と指摘されている。多様化の「先兵」が高専だったというわけである。

産業界の要請とは、「中級技術者の養成」にあったようである。中級技術者とは、「一定数の指導的技術者のもとでこれを補助し、初級技術者や技能者の指導監督にあたる人びと」(丸山他 1979、21頁)のことであり、「基礎学力の充実した専門的職業人」と形容することもできる。戦後の高度経済成長のもとで深刻な技術者不足が生じるようになった。初級技術者や技能者は高卒程度の学歴を必要とされるものであり、指導的技術者とは大卒・院卒の学歴をもつ者たちである。その中間層が決定的に不足したということだ。そこで、「産業界から中学校卒業を入学資格とする5年制の専門教育機関を設けるための要望が出てきた」(前掲論文、22頁)のであった。それに加えて、戦前の旧制専門学校の流れをくむ工学教育関係者からの「復活」への熱い思いがあったという指摘もある(赤羽 2011、33頁)。いずれにしても、高度経済成長期における産業界からの強い後押しが、制度的「例外」としての高専を生んだのであった。

高専が目指したのは、いわゆる「トップエリート」ではない。しかしながら、それが養成しようとしてきたのは、高い技術と向上心を備えた、「未知の問題に出会ったとき自分で考え解決していき得る基礎能力」（柳下 2013、12頁）を有する技術者であり、彼らの存在が日本の技術立国を支えてきたという側面を見逃すことはできない。彼らもまたあるタイプの「エリート」だったのである。

発足初期の1960年代に高専の数は順調に増えていったが、その後はほぼ学校数は50校台、学生数は5万人台で安定している。ここ20年ほどは、増えもしないが減りもしないという状態が続いている。大多数を占める国立の高専の連合体である独立行政法人国立高等専門学校機構では、KOSENと題した多色刷りの美しい冊子を毎年作成している。そこでのスローガンが、「時代が求める実践的技術者を養成する高等教育機関」である。KOSENの教育は、OECDを始めとする海外の機関からも注目されていることが強調され、海外インターンシップの実施や留学生の受け入れなどのグローバル化の進展がうたわれている（国立高等専門学校機構 2020）。

当初、高専卒業生の大多数の進路は「就職」であったが、近年では「進学」の比率がどんどん増加してきている。筆者が所属する大阪大学においても、今日では工学部などにはかなりの数の高専生が編入してくる。高専での5年間の基礎のうえに、大学での2年間あるいは修士課程の2年間を加えると4年間の勉学を積み上げたうえで社会に出るというルートがトレンドになりつつあるのだ。

大学進学率の高い明石高専

高専の雰囲気を知ってみたいと思い、訪問を試みた。受け入れてくれたのが、兵庫県の明石高専（明石工業高等専門学校 ２０２０）である。明石高専は、１９６２年に発足した最初の12の国立高専のうちのひとつである。「校長」先生、「副校長」先生とお話しする機会を得ることができた。なお、残りの先生は皆「教授」「准教授」などと呼ばれる。実際に教員の８割は、博士号の取得者である。また、先にも書いたように、通っているのは「学生」であり、「生徒」ではない。前述の冊子のスローガンにもあるように、高専はあくまでも「高等教育機関」であり、「中等教育機関」である高校とは一線を画する存在なのである（ただし、部活動は高校と同じように行われ、高専3年生までは高校の大会に同等の存在として出場する）。このように、初めて訪れた高専の第一印象は、「大学と高校の性質を併せもつ教育機関」というものであった。

明石高専は、機械工学科・電気情報工学科・都市システム工学科・建築学科の4学科と専攻科（それに続く2年間の課程）からなる。学生数は約９００名、うち県内出身者が85％ほどになるが、県外からの入学者も比較的多く、また留学生も15人ほど在籍している。全国のすべての高専は学生寮を完備しているという。遠方からの入学者は、学科や授業のユニークさ、あるいは就職・進学チャンスの大きさを魅力と感じ、明石にやってくるそうである。

現時点での課題は何かという筆者の問いに対する副校長の答えは、「教育と研究との両立」というものであった。それは個々の教員にとっての問題である。大学と高校の性格を併せもつという高専の性格は、教員の職務にも二重性をもたらす。すなわち、高専生を教育する一方で、自らの研究を重ね、一定の研究業績もつくらなければならないという課題である。これは、たとえば通常の高校教員には問題とならない類の課題ではある。筆者が垣間見た高専という世界は、大学でも高校でもない、独自の二面性を有する独特な教育機関であった。

3 中等教育学校――公立部門の復権を目指して

中高一貫校の卓越性

本章で扱う第2の学校種は「中等教育学校」である。1999年に法制化された。それに先だって存在してきたのが、いわゆる「中高一貫校」である。

　中高一貫校と聞いて、まず一般の人々の頭に浮かぶのは、都市圏にある私学の「有名進学校」である。東京であれば、開成・麻布・武蔵、女子校なら桜蔭・雙葉・女子学院、関西であれば、灘・東大寺・洛南などが、老舗の進学校としてよく知られた中高一貫校である。進学実績をめぐる激烈な競争のなかで、たえず序列は変動し、新たなブランド校が登場してくるのではあるが、7章でみたように、進学だけでなく、スポーツ等の世界も含め、中高一貫の私学は「卓越性」を目指す代表的な学校種別として、歴史的にその存在意義を発揮してきた。

　それが公立学校の世界に導入されたのが、1990年代に入ってからのことであった。とはいうものの、「公立部門に中高一貫校を」という動きは、1976年に出された中教審答申（「後期中等教育の拡充整備について」）にもうたわれていた。そして、1980年代半ばの臨教審において、その構想が現実のものに近づいていくことになる。高校進学率が9割を超える水準となった1980年代以降、全国各地で高校教育改革がすすめられてきた。その共通の特徴は、7章でみたように「高校教育の多様化」である。総合学科や単位制高校の創設、実業系高校の再編、新たな学科・コースの設置、定時制・通信制高校の刷新など、さまざまな方策が採られてきた。

中高一貫教育の推進もその一環として捉えることができるが、前述したさまざまな高校改革の手立てと大きく異なる点がある。それは、高校改革が少なくとも建前上は高校の「ヨコの分化」を目指すものだったのに対し、中高一貫は従来とは異なった学校種別の導入を伴う「タテの分化」を志向するものだという点である。中高一貫教育を通じて、従来高校入試で分断されていた中学校教育と高校教育の有機的連関を形成し、生徒たちの成長を組織的・継続的に図るという教育学理念は確かに語られてはいた。しかしながら、実質的にはそれは、「私学に張り合うため」という隠れた意図を濃厚に有するものであった。端的にいうなら、「公立のエリート校をつくる」ことが目指されたわけである。よりきれいな言葉を使うなら、「公立部門の卓越性を追求するために」中高一貫教育は推進されたといってよいだろう。

最初の公立中高一貫校は、1994年に宮崎県に創設された五ヶ瀬中学・高等学校である（現在は、五ヶ瀬中等教育学校）。熊本県との境の風光明媚な山間部に鳴り物入りで創設された同校は、各学年40名定員の全寮制の公立学校である。立地条件を生かし自然体験を重視したその教育は、大学進学実績にかたよった「進学エリート校」のそれとは趣を異にするが、将来の宮崎県を担うリーダー的人材の育成を目指して創設されたものである。以降、各地の事情に応じた公立中高一貫校の設置が相次ぐことになる。

中等教育学校という新しい種別

1999年、「中等教育学校」の法制化がなされた。「中等教育学校」という名称を初めて聞いたとき、何とおかしなネーミングだろうと筆者は感じたものである。「教育」と「学校」が並んでいるのは何とも重たい感じがした。それはともかく、「中等教育学校」とは、中学校と高校が合体してひとつになったもののことである。校舎もひとつ、校長先生も1人、単一の6年間のカリキュラムを学ぶ学校。冒頭に挙げた有名進学校の多くは「○○中学・高等学校」という校名のままであるが、2020年現在、全国で56校（国立4校、公立33校、私立19校）の中等教育学校が存在している（文科省『学校基本調査』より）。なお、それにプラスして、「併設型」（中学と高校が併設され、日常的な連携がなされている）と「連携型」（別々に設置されているが必要に応じて連携・交流がなされている）を併せると、今日では合計で200校に近い公立中高一貫校が存在していることになる。

併設型や連携型の中高一貫教育を超えて、「中等教育学校」という新たな学校種別をつくった政策意図は、どこにあったのか。批判的な教育学者は、次のようにいう。「今回のそれは61年のそれ（高専の創設）を凌駕するものである。戦後教育改革の所産である『六・三・三制』の学校体系に終止符を打ち、複線型の学校体系に移行させようとの政策意図及び措置

である」（藤井 1998、50頁）

先に、中等教育学校が目指すのは「ヨコの分化」ではなく、「タテの分化」であったと指摘した。それは、本章でこれまで使ってきた用語でいうと、「複線化」を目指すものに他ならない。ふつうの子どもが通うのが中学校・高校であり、中高一貫校、とりわけ中等教育学校に通うのは、選ばれた子どもたちというわけである。

東京と大阪の事例

東京都の事例が注目される。東京では、2005年に都立白鷗高校が附属中を創設して中高一貫校になったのを皮切りに、2010年までに10校の都立中高一貫校ができた（そのうちの5校は中等教育学校）。先陣を切った白鷗高校が、初年度の卒業生から5人の東大合格者を出したことから、ブームに火がついたという（河合 2013）。「国公立&私立中高一貫校徹底比較」（日経Ｍｏｏｋ特集号 2014）や「本当に子どもの力を伸ばす学校 中高一貫校・高校ランキング」（週刊ダイヤモンド別冊 2016）といったタイトルの雑誌が刊行されている。私立高校への巻き返しをねらいとした公立一貫校は、都内の保護者のひとつの有力な選択肢となりはじめているようである。

大阪ではどうだろうか。大阪では、7章で述べたように、進学実績において府立高校のステータスが依然として高い。そして、府立の中等教育学校は今のところ存在していない。そうしたなかで異彩を放っているのが、大阪市立の咲くやこの花中学・高校（以降、「咲くや校」）である。中等教育学校のカテゴリーには入らないが、特色ある中高一貫教育を行っている公立校として評価を高めている。この学校が創設されたのは2008年、「咲くやこの花」という校名は、古今和歌集にある和歌に由来する。併せて「子どもたち一人ひとりの夢を咲かせる学校」という願いをこめていると、学校紹介のパンフレットには書かれている。咲くや校の前身は、大阪市立扇町高校と市立此花総合高校の2校である。それらが統合され、中学校が新設される形で新校がスタートした。JR大阪環状線の車窓から、咲くや校の偉容をみることができる。

咲くや中学では、「ものづくり」、「スポーツ」、「言語」、「芸術」という4つの、早くから興味・関心が現れやすい分野の才能を伸ばすことを目標とし、大阪市内全域から生徒を募集している。また、咲くや高校は、6つの系列からなる「総合学科」に加え、「演劇科」、「食物文化科」という全国的にも数少ない専門学科を設置している。このような特色ある教育内容や充実した施設・設備などによって、部活におけるめざましい実績、さまざまなコンテスト等への入賞、有名大学への多数の進学などの顕著な成果を収めるにいたっている。

立ち上げ期に教頭をつとめ、今は校長として咲くや校を牽引する角芳美氏は、開校十数年になる咲くや校の成果と課題について次のように語ってくれた。

本校には目的意識の高い子が入ってくれています。それぞれの個性がそのまま花咲くことを期待しているので、それぞれが夢や希望をもって、お互いが切磋琢磨しながら、お互いを尊重しながら、それを実現していくという形がある程度できているのではと思います。卒業生の中には、プロの漫画家やプロレスラーになった子もいます。学校の先生になる子も多いですね。劇団四季の主役をつとめている子もいます。学校をつくったねらいは、一定程度実現できていると思いますね。

課題としては、中学校選抜を学力検査ではなく、適性検査で行うため、4つの分野ごとに20名ずつ、合計80名入学する生徒たちの学力の幅が大きく、個々に対する指導に工夫が必要というところです。また、6年間の継続教育を行う中高一貫の生徒たちと高校から入学してくる生徒たちとの融合については、部活動や体育祭、文化祭などの学校行事に生徒全員で取り組むなかで行うことになりますが、総合学科ならではの幅広い選択授業や「産業社会と人間」「総合的な探究の時間」等をうまく活用したチームビルドを心がけています。

角校長は、心から咲くや校を愛しておられるようにみえた。鳴り物入りで大阪市がつくった咲くや校は、創設十年余りにして独自の学校文化を有するようになっている。

ところで、咲くや校の事例でもみられるように、中高一貫校が利用される要因のひとつに「高校の再編整備」問題がある。ある研究では、中高一貫教育導入のパターンとして、県庁・県教育委員会主導型・学校主導型・町村主導型という3つのタイプが指摘されているが、そこで強調されているのは、「エリート養成」という動機ではなく、「学校の統廃合」あるいは「学校の生き残り」という動機である（坂野 2003）。次にみる義務教育学校においても、同様にそうした状況を見て取ることができる。

4　義務教育学校——卓越性と統廃合ニーズ

公立小中一貫校の実態

最後に、義務教育学校を中心とする小中一貫校の状況をみておくことにしたい。

文科省の小中一貫教育の定義は、次のようなものである。「小・中学校が目指す子ども像を共有し、9年間を通じた教育課程を編成し系統的な教育を目指す教育」。要するに、9年間を通した系統的なカリキュラムがあることが、小中一貫教育の柱となる。

読者の皆さんは、「中1ギャップ」という言葉をご存知だろうか。いつごろから使われはじめたのか確認することはできなかったが、中学校になっていじめや不登校が急増する主因として、小学校と中学校の間にある文化的ギャップを指摘する考え方である。制服になる、校則がきびしくなる、教科担任制になる、部活が始まる……、小学校と中学校の間にある大きなギャップが、子どもたちの不適応を生むという見方。その「段差」を小さくし、子どもたちの移行をスムーズにすれば、不適応や問題行動は減るだろうとされ、小学校と中学校との連携や一貫教育の必要性がクローズアップされることになったのである。

また21世紀に入ってからの、文科省の「確かな学力向上」路線の採用も、小中一貫教育への関心を増大させたに違いない。一貫したカリキュラムで子どもたちを教育した方が、彼らの学力はより伸びるはずだという発想は自然なものである。

小中一貫教育は、中高一貫教育と同様に、「施設一体型」「隣接型」「分離型」といったタイプに分けることができる。文科省の2014年度の調査によれば、全国で小中一貫教育の取り組み件数はトータルで1、130件あり、小学校2、284校、中学校1、140校がそこにかかわっていたという。小中とも、全体の約1割強にあたる数字である。そのうち、「施設一体型」は１４８校、「隣接型」は59校、「分離型」は８８２校という数値が提出されている（山本他 ２０１６、16頁）。

義務教育学校

２０１６年に「義務教育学校」という新たな学校種別が法制化され、上記の施設一体型のかなりの部分がそちらに移行した。制度がスタートした２０１６年の時点で、義務教育学校は全国で46校（2校が国立、あとはすべて公立）であった。そのなかでは、都市型小中一貫校の草分けといっていい日野学園など6校の義務教育学校を有している品川区、市内のすべての小中学校が3校の義務教育学校に再編された佐賀県多久市の事例などが注目されるところである。ちなみに２０２０年の時点では、義務教育学校は１２６校（そのうち国立が4校、私立が1校）に増加している。

義務教育学校の存在を評価するには、今はまだ時期尚早の感が否めないが、山本他は、「小中一貫校の目的は、圧倒的にコスト削減のための統廃合であり、『エリート校』は例外である」（山本他前掲書、18頁）という興味深い指摘を行っている。少子化のあおりを受けて、全国各地で小学校・中学校の統廃合が喫緊の政策課題となっている。小中一貫校にはさまざまな教育上のレトリック（中1ギャップの解消、学力向上、発達段階に応じた教育）が付与されているが、地方行政にとってそれは、学校統廃合のための体のいい「隠れ蓑」になっているという指摘である。

義務教育学校については、中等教育学校のときと同様に、学校制度の複線化をもたらすものであると否定的に捉える意見が提出された。たとえばある論文では、①教育論の見地からその必要性と意義が乏しい、②教育の機会均等の原則に背馳する、③学校年の区切りを地方の裁量に任せることは国の責任放棄である、④教育条件整備の諸課題に対する対処策が十分に検討されていない、という4つの理由から、義務教育学校の導入に慎重であるべきという議論が展開されている（樋口　２０１６）。

他方で、その意義を教育課程編成上の学校裁量権拡大に求め、「地域環境も、保護者の価値観も多様化している今日、学校教育に必要なことは子ども一人ひとりに対応したきめ細かな指導であり、そこには公正性の原理に基づく、個々の学校における教育編成の創意工夫は不可欠である」（西川　２０１７、19頁）とする意見もある。西川氏は、「複線化とは、早期選抜を前提に複数のタイプの異なる学校種を設置し、高等教育への接続を限定的にするもの」であるがゆえに、「学年途中での転学も認められ、高校教育への進学も自由である」義務教育学校の設置は「複線化」とはいえないとも主張する（西川前掲論文）。さらに、義務教育学校のカリキュラムは「確かな学力」を育成する手段として有効である、と主張する声も出てきている（助川 2017）。

西宮市の事例

おりしも筆者の故郷である兵庫県西宮市に、2020年西宮浜義務教育学校（以降、「浜義務」）が立ち上がった。阪神間では最初の公立義務教育学校である。前身となる西宮浜小学校および西宮浜中学校は、いずれも阪神大震災のあとに埋め立て地である西宮浜につくられた学校である。多くの復興住宅が建設され、人口が増えた人工島にできた両校であったが、設立後二十数年が経過し、児童生徒数は減少の一途、廃校（＝地域から学校がなくなること）を避けるという観点から構想されたのが、義務教育学校の設立であった。新校は市内全域から子どもたちが通うことができる。西宮浜は南北に細長い市域の最南端にあり、交通の便がよくないところに立地しているが、初年度（2020年度）は、全校児童生徒490名のうちの約5％が校区外から入学し、公共交通機関を使うなどして人工島につながる「大橋」を渡って通学している。

浜義務のカリキュラムの第1の特徴は、4・3・2制を採っていることである。それぞれ第Ⅰ期（小1〜小4）、第Ⅱ期（小5〜中1）、第Ⅲ期（中2〜3）と呼ばれる。校訓である「自立・協働・創造」に即して設定されているのが「期別目標」である。

たとえば「協働」という項目については、「誰に対しても優しく接し、ともに助け合う」（Ⅰ期）→「誰に対しても公平に接し、協力して目標を達成する」（Ⅱ期）→「多様性を尊重し、ともに学び合い、支え合い、高め合う」（Ⅲ期）というように、わかりやすい言葉で各期の子どもたちの達成目標が表現されている。

校長の金地民樹氏は、筆者の以前からの知り合いである。金地校長は、学校づくりのポイントを第Ⅱ期の中身の充実であると捉えている。もともと浜小と浜中は隣接して建設されたが、義務教育学校として一体化された今、道を隔てて隣り合う2つの校舎をもつ学校となっている。すなわち、元の小学校に第1期の子どもたちが、そして中学校に第Ⅱ期・第Ⅲ期の子どもたちが通っている。つまり、5・6年生の子どもたちと彼らを担当する教員が中学校部分に引っ越し、結節点となる第Ⅱ期の教育を担っているということになる。ただ、5・6年生の子どもたちは私服、7年生（そして8・9年生）の子どもたちは制服である。また、開校当初から5・6年生も部活に参加させようとしたものの、コロナ禍のあおりを受け今年度は自粛せざるをえなかった。浜義務はまだまだ発展途上、「走りながら考えている」のが実情であるようだ。

データとして興味深いと考えられるのが、全国学テの結果である。ここ数年、西宮浜小学校に比べると西宮浜中学校のそれは高い位置にあるという傾向が続いている。すなわち、中学生になると成績が向上するのである。金地校長は、その理由について「中学生がよいモデルとなる」循環が形成されているからではないかと説明してくれた。「島」のなかの唯一の小学校・中学校として地域住民と一体となって学校づくりを行ってきた歴史があり、もともと小・中学生がかかわり合う場面が多かった。そのなかで、上の学年の子どもたちに対する「憧れ感」(「あんなお兄ちゃんやお姉ちゃんになりたい」)が他地域よりも濃厚に形成されているというのである。

金地校長は、浜義務の今後について次のように語ってくれた。

本校には、この学校の特色や部活動に興味をもった人や新たな環境の中で新たなスタートを切りたいと考えた人たちが校区外から通ってきています。本校の特色としては、4・3・2制の学年区分を活かした期別の取り組み、1年生から進める外国語活動、9年間で進める体系的なプログラミング教育、また縦割り活動による異学年交流、5年生から始める一部教科担任制や部活動への参加、教育委員会と連携した先進的な教育等々、特色をいくつも打ち出していますが、コロナ禍で制限が多いなか、いかにその充実を図っていくかが今後の課題です。私が校長としてまず大事にしたことは、「西宮浜はひとつ」になるという意識です。小学校と中学校の児童生徒のかかわり、職員同士のかかわり、他地域の子どもたちとのかかわりなど新たなかかわりを通して、まずは「だれもが安心できて しあわせを感じる あったかい学校」にならなければならないという思いからです。今後大事にしていきたいことは、「みんなが主役」という意識です。一人ひとりが学校づくりの主役であるということを自覚し、「子どもたちの 子どもたちによる 子どもたちのための学校」を実現していきたいと考えています。子どもたちの主体性やリーダー性が高まり、教師の出番が減る学校っていいですよね。

浜義務はまだ生まれたばかり。今後どのように発展していくか、金地校長の舵取りが注目されるところである。

5　学校体系は複線化したのか

揺るがなかった単線型学校体系

　ここまで学校体系を複線化する試みとしての3つの学校種別について、その概要をみてきた。第二次世界大戦後15年を経た段階の高度経済成長期さなかでスタートした「高専」、20世紀から21世紀にかけての、新自由主義的教育改革がブームになりはじめた時期に出現した「中等教育学校」、そして今から5年ほど前に設立されるようになった「義務教育学校」。

　本論でもふれたように、2020年時点でのそれぞれの校数は、義務教育学校が126校（全国の小学校1万9、525校に対して0・6％にあたる）、中等教育学校は56校（中学校1万142校に対して、同じく0・6％）、高専は57校（高校4、874校に対して1・2％）となっている。かろうじて高専のみが1％を超えているが、残りの2つは相対的に歴史が浅いとはいえ、まだ1％にも満たない現状である。それぞれの時代に鳴り物入りで登場したこれらの「新しい器」であるが、少なくとも数のうえでは完全なマイノリティに留まっている。要するに、広がらないのである。もちろん、戦後改革において、新制の中学校や高校が一斉に全国で立ち上がった状況と比べるわけにはいかないが、3つの学校種が立ち上がった段階における国の政策意図通りに拡大してこなかったことは確かである。

論旨が複雑になるためここでは扱わなかったが、新自由主義的教育改革の「ウリ」のひとつに、公設民営化学校というものがある。前出の3つの学校種は、新たなタイプの学校として設置されたものだが、公設民営化学校とは、アメリカのチャータースクールをひとつのモデルとして構想された、学校の運営主体を「自由化」（民営化）しようという革新的な意図をもつ存在である。2000年代以降さかんに議論がたたかわされてきたのだが、2020年現在日本に存在しているのは、大阪市が大阪ＹＭＣＡに運営委託している大阪市立水都国際中学・高校のみである。「大山鳴動して鼠一匹」という感じがしないでもない。

要するに、ここでいいたいのは、戦後教育改革によって形づくられた国・地方自治体が管理運営する単線型学校体系（6・3・3・4制）の形はほぼ揺らぐことなく続いているということである。

2つの仮説

そうした事態に大きくかかわっているものとして、ここでは仮説として2つの要因を挙げておこう。

第1に、「制度の慣性」というものを指摘することができる。慣性の法則とは、「動いているものは、力を加えないかぎり動き続ける」という法則である。戦後教育改革においては、敗戦によるGHQの監督という大きな力が加わったため、きわめてドラスティックな学制改革が実施された。その後すでに4分の3世紀が経過している。制度は大きなものであればあるほど、その修正・変更は難しくなる。前節までで紹介した3つの学校が3つとも「大学と高校」「高校と中学校」「中学校と小学校」の文化のズレやその融合を大きな課題としていたことを思い起こそう。単一の学校のなかですら、それが生じている。ましてや、異なる文化の融合を制度レベルで起こすのはきわめて難しいといわざるをえない。制度はそのままであることを基本的に欲する。高校は高校、中学校は中学校、小学校は小学校のままでいたいのである。その形を崩すには、外部からの大きな力が加わらなければならない。たとえば明治維新。たとえば第二次世界大戦の敗戦。そのような大きな歴史的イベントは、現代には生じていない。コロナ禍は世界じゅうに未曾有の混乱をもたらし、「新たな生活様式」が推奨されるようになってきているが、それによって今ある教育制度に大きな変革がもたらされるとは考えにくい。

第2に、「日本人のメンタリティ」という要因を指摘することが可能である。筆者のかぎられた経験の範囲内であるが、日本人には「序列」を好み、「集団内での競争」に熱心に取り組む傾向性が強いように思われる。ある枠のなかで切磋琢磨し、優劣を競い合うことが好きなのである。逆にいうなら、「枠自体からはみでる」とか、「自律的に動く」ということが苦手である。言葉を換えるなら、「冒険を望まない」ということである。もちろん、新規の学校種別に「飛びつく」人たちもいるであろう。本書の用語でいうと、「教育を動かす」人や「教育を選ぶ」人たちのなかには、そういった人たちがいることは間違いない。ただ多くの人たちは、その逆である。今ある秩序を前提としたうえで、「人並みにやりたい」とか、「少しでもよい高校に入ることができたら……」とかと思うのが、ふつうであろう。新奇な学校に対しての関心が広がっていかないのはそうした文化的背景があるからではないか、と筆者は推測する。

結論をいうと、小中高校段階において公立のエリート校をつくりたいという国や産業界の意図は、現実をみるかぎりきわめて限定的にしか生かされていないと考えられる。すなわち、学校体系の複線化は、それを推進しようと思う人たちの思惑通りにはすすんでいないということである。

Ⅲ部

9章 より公正な教育を求めて――学力格差を撃つ

1 はじめに

卓越性を求める流れ

ここまで、I部（1〜2章）では本書の問題意識を述べた。学校の二極化（「よい学校」と「よくない学校」に分化する傾向）現象に着目し、「卓越性」と「公正」という2つのキーワードにもとづいて読み解いた。続くII部（3〜8章）では、その現状について、「お受験」「学校選択」「学力格差」「高校の学区」「高校における卓越性」「学校体系」という6つのトピックに即して検討を加えてきた。それを受けて、このⅢ部（9〜10章）では、今後の方向性についての整理を行いたい。具体的には、9章では公正原理を重視する教育のあり方を、改めて学力の問題にフォーカスをしぼって問い直してみたい。そして最後の10章では、卓越性と公正のバランスがとれた今後の公教育システムを考えるための筆者自身のアイディアのいくつかを提示し、全体のまとめにかえたい。

学校の二極化という現象は、これまでもみてきたように、卓越性原理が偏重されているために生じると考えてよい。過度の卓越性重視は、公教育全体をゆがめ、子どもたちの健全な成長を損なう危険性をもつというのが、本書の立場である。公教育を適切に維持・発展させていくためには、両者のバランスを回復させることが何よりも肝心だと筆者は感じている。

学校選択制の危険性

本章のテーマについて展開する前に、Ⅱ部での議論を大ざっぱに振り返っておこう。

3章では「お受験（小学校受験）」についてみた。東京を中心とする首都圏ではお受験熱の高まりは顕著なようだが、筆者の地元である大阪ではそれは局地的な現象に留まっていた。さらに地方では、ほぼ問題とされていない現状にあった。4章では「学校選択制」について検討を加えた。2000年代に入り、十数%の自治体で何らかの形の学校選択制が採られるようになり、一定の広がりをもつ現象となったが、その後は2014年に導入された大阪市の事例を除くと、停滞・縮小傾向となっている。5章では「学力格差」の問題についてふれた。そもそも「学校の二極化」という現象は、小中学校における学力格差の拡大という現象の広がりから着想したものである。2000年代初頭にこの問題が取り沙汰されるようになったが、その後の文科省の政策転換（ゆとり教育路線から確かな学力向上路線へ）およびそれを背景とする各自治体・学校における学力向上の取り組みの推進によって、子どもたちの学力格差の拡大には歯止めがかかっているといえる。ただし、大阪市西成区の事例でみたように、学校選択制と結びつくと大変気になる結果がもたらされる危険性もありうる。

6章では「高校の学区制」の歴史をたどってみた。第二次世界大戦後、高校三原則をベースに形づくられた新制高校だが、その原則のうちのひとつ「小学区制」はどんどんなし崩しにされていった。とりわけ2000年代に入って以降は、「選択の自由」を旗印に、「全県一区」を採用する自治体が一挙に増えた。続く7章では卓越性の観点からみた場合の高校教育の現状について考察を加えた。現時点では、進学面についてもスポーツ面についても、トップ校はほとんど私学が独占するような形ができつつある。生徒数の減少に伴う高校再編の動きのなかで、高校が各種の卓越性を競い合う構図が定着しつつあるが、卓越性と公正のバランスをいかに回復するかという実践的課題が同時にクローズアップされてきている。8章では制度レベルの問題に焦点を当てた。具体的には「高専」「中等教育学校」「義務教育学校」という3つの学校種を対象とし、多様な教育機会の確保という改革のスローガンが実質的な学校体系の複線化をもたらすのではないかという問いについて検討を加えた。その結果見出されたのは、それらの学校種の広がりは今のところ限定的であり、複線化と呼べる状況は見出せないという現状であった。

薄まりつつある公正原理

全体としてみるなら、新自由主義的教育政策が推進されるという趨勢のもとで、今世紀に入って各種の教育格差は拡大しているといってよい。控えめに見積もっても、それらが縮小する兆しはみえてこない。新自由主義が目指すようには、教育制度の枠組み自体はドラスティックに変容を遂げてはいないが、ペアレントクラシーの高まりのもとで、教育の卓越性を求める人々の傾向は強まっており、逆に公正原理の方はその影を薄めつつあるように思える。

そうした現状を何とかしたい。本書は、その思いをベースにつくられたものである。1章でも述べたが、卓越性と公正とは両立可能なものである。決して「あちらを立てれば、こちらが立たず」の関係にあるわけではない。個々の学校にとって、バランスのとれた両者の実現こそが目指されるべき目標である。そして、その個々の学校の努力を結集したものが、学校システム全体の姿となる。そのような観点から、本章では子どもたちの学力に再度注目してみたい。数値化可能な学力にかぎってみた場合、卓越性は「学力水準の向上」に、公正は「学力格差の縮小」に読み替えることができる。筆者らの研究グループが行ってきた調査研究の成果を主たる素材として、後者のテーマ（＝学力格差の縮小）に関して、続く2節では海外の、3節では国内の状況について考察を展開することにしたい。

2　海外ではどうなっているか

海外の競争主義と成果主義

筆者はこれまで、世界の学力政策にかかわる、3つの共同研究の代表を務めてきた。いずれも、日本学術振興会の科研費の助成を受け、対象国における現地調査をベースにしたものであった。その成果をまとめたものが、以下の3つの著作である。

(1)　志水宏吉・鈴木勇［編著］、2012『学力政策の比較社会学　国際編―PISAは各国に何をもたらしたか』明石書店
(2)　志水宏吉・山田哲也［編］、2015『学力格差是正策の国際比較』岩波書店
(3)　ハヤシザキカズヒコ・園山大祐・シム　チュン・キャット［編著］、2019『世界のしんどい学校―東アジアとヨーロッパにみる学力格差是正の取り組み』明石書店

すでに、これらの調査研究の概要は『学力格差を克服する』（志水　2020）にも整理してあるが、ここでは本書の文脈に即して、見出された重要な知見について改めて紹介をしておきたい。

最初の本(1)のテーマは、2000年にスタートした国際学力テストPISAによって、各国の教育にどのような変化が生じたのかを明らかにすることであった。理論的には、「その作業にもとづいて各国の学力政策を類型的に把握し、『公正』と『卓越性』という視点から一定の評価を行うこと」を目指した（志水・鈴木　2012、15頁）。対象となる年代は2000年から2010年にかけての10年間、対象とした国・地域は、イングランド（図での略称、ENG）・スコットランド（SCO）・フランス（FRA）・ドイツ（DE）・フィンランド（F

I）・アメリカ（US）・オーストラリア（AT）・ブラジル（BR）の8つである。
その結論を示したのが、次に挙げる2つの図である。

まずは、図9－1をごらんいただきたい。これは各国の教育政策における新自由主義的要素の強さを表したものである。この調査では、教育政策における新自由主義的要素を、「競争主義」と「成果主義」という2側面で捉えた。前者は、「教育の現場にどれほど市場原理が導入され競争主義が重視されているか」を、後者は、「国家が教育現場に対してどれほど強い影響力をもっているか」を表すものとした（同前書、237頁）。

矢印の始点はPISA開始時（2000年）、終点はこの調査の終了時期（2010年）を示している。すなわち、矢印の動きがその国の政策動向を表しているのである。

一見してわかるのが、6つの国の矢印が右肩上がりとなっていることである。これは、多くの国において、この期間中に競争主義と成果主義の両方の度合いが進行した、すなわち新自由主義化がすすんだことを意味している。

そうなっていないのは、イングランドとスコットランドの2地域だけである。イングランド（イギリスの中心部分）が黒丸となっているのは、そこではすでに2000年の時点で、新自由主義傾向が極点に達していたことを示唆する。また、イングランドの北隣に位置するスコットランドは、多くの政策領域においてライバル視するイングランドとは対照的な政策

(図9-1)教育政策における新自由主義的要素の強さ

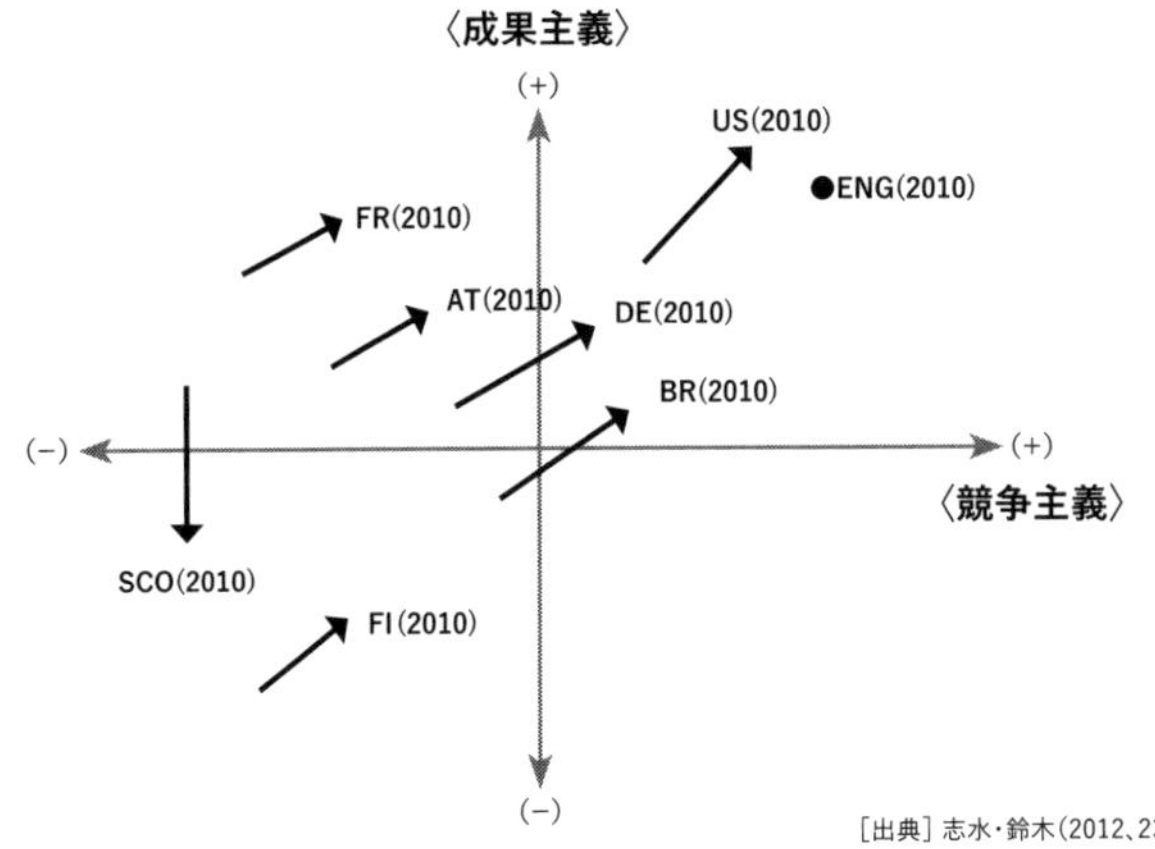

[出典] 志水・鈴木(2012、239頁)

AT:オーストラリア/BR:ブラジル/DE:ドイツ/ENG:イングランド/FI:フィンランド/FR:フランス/SCO:スコットランド/US:アメリカ合衆国

を採る傾向がある。対象国のなかで、唯一新自由主義化の道をすすんでいなかったのがスコットランドということになる。

バランスをとろうとする各国

続く図9-2は、各国の学力政策にしぼり込んだうえで、それが「公正」の軸(=格差是正)と「卓越性」の軸(=水準向上)をどのくらい重視するものに変化しているのか(同じく2000年→2010年)を図示したものである。

図からは、フランスを除くすべての国が第一象限に集まっていることがわかる。すなわち、ほとんどすべての国が今世紀に入った時点で、水準向上と格差是正の両面を、換言すると公正の軸と卓越性の軸の両方を学力政策の柱にしようとしていることが明らかになったのである。

むろん、その中身には濃淡がある。ほぼすべての国が学力水準の向上に向けてギアをあげている一方で、イングランド、スコットランド、フィンランド、オーストラリアといった国・地域で、学力格差の是正策が高水準で採られている様子がうかがえる。

そのなかで、新自由主義のフロントランナーとして走ってきたイングランドは、この時期「ニューレイバー」と呼ばれたブレア氏率いる労働党政権のもとで、極端ともいえる学力格差是正策を採用した。その中身は、第1に「しんどい地域を支えるもの」、第2に「しんどい学校を支えるもの」、第3に「しんどい個人を支えるもの」に分けることができる。第1のタイプの施策の代表例は、「教育アクション地域」の指定や「シュアスタートセンター」(社会経済的な困難を抱える家庭が多い地域の子どもたち[0~5歳]を支援する活動拠点)の設置であった。同様に、第2のタイプの代表的施策は「拡張学校」(学校役割の拡大を目指す学校)の設立や「シティーチャレンジ」と呼ばれる学校支援策の実施、第3のタイプの中心的施策は「ワントゥワン・テューイション」(一対一の個人教授)であった。これにより、イングランドのもっともきびしい状況下に置かれた低学力層の成績は、この時期著しく向上した(志水 2012b、39-40頁)。

（図9-2）学力政策の重点

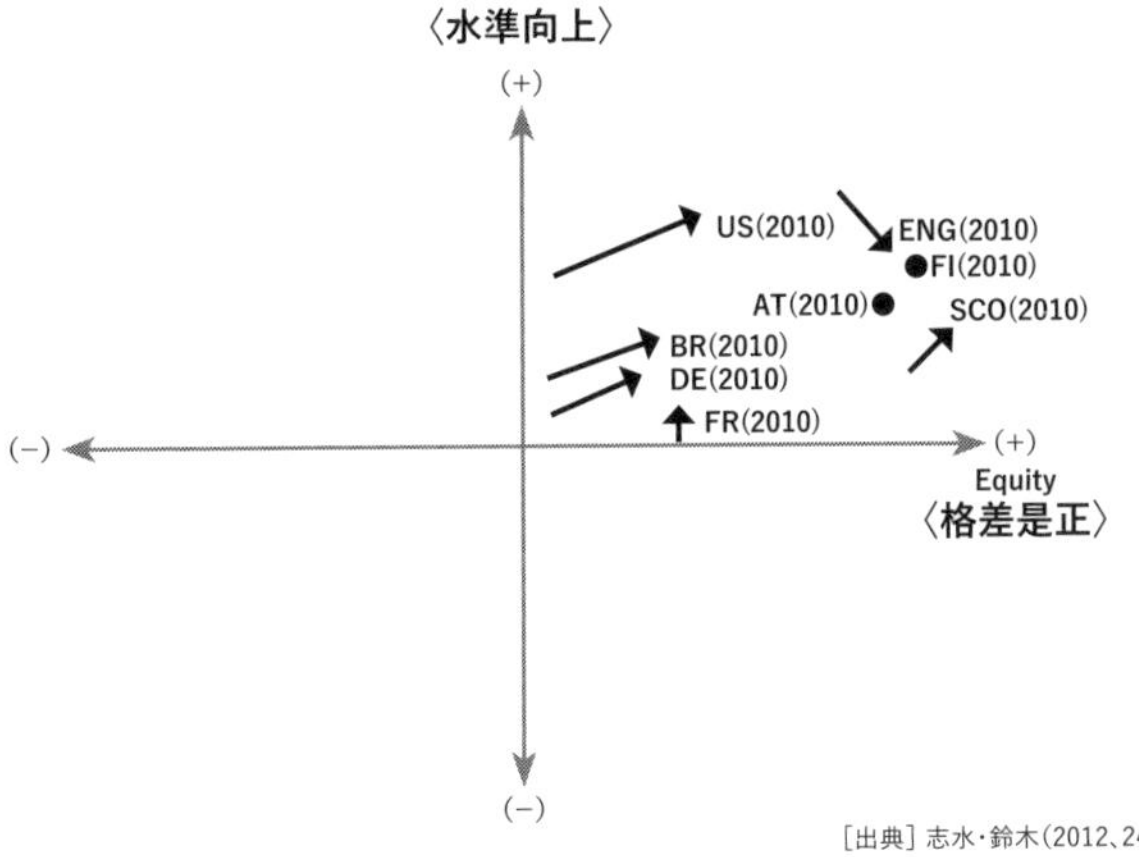

［出典］志水・鈴木（2012、242頁）

この図には表現されていないが、これと同時期に、私たちは国内の各地でどのような学力政策が採られているかの調査研究を行った（志水・高田 2012）。そこで明らかになったのは、対象自治体のなかで、大阪府を除くその他の自治体の学力政策は水準向上に著しくかたよっており、格差是正への視点・施策がきわめて貧弱であるという実態であった。これについては、次節以降で改めてふれることにする。

経済格差か移民問題か

2番めの研究(2)においては、タイトルにも示されているように、「学力格差の是正」というテーマについてより深掘りしようという意図で、私たちは共同研究を行った。対象としたのは、アメリカ、オーストラリア、イギリス（イングランド）、フランス、ドイツという、第1の共同研究においてもフィールドとした5つの国と日本という6つの「西側先進国」である。日本の特徴を、その他の国々との比較からあぶり出したいという意図がそこにはあった。対象とした時期は、およそ2000年から2014年にかけての期間である。

まずだれの格差が問題とされているかという点については、経済的にきびしい層を主たるターゲットとするアングロサクソン系と移民の問題をより課題視するヨーロッパというコントラストが浮かび上がってきた。第2に、格差是正策の中身については、社会集団間の格差を生み出す構造自体を変えてゆくことは困難であるため、先のイングランドの事例にあるような、手厚い支援によって底上げを図り、漸進的に格差を縮小していくというスタンスが各国で採られていた。第3に、改善のための手法として、アングロサクソン系では「飴と鞭」とでも呼ぶべききびしい統制にもとづく方法（=新自由主義的なやり方）が採用されていたのに対して、ドイツやフランスではテストを通じた「しばり」は限定的なものであった。最後に、各国に共通してみられた効果のある取り組みとしては、「早期からの介入」と「学校の守備範囲の拡大」という2つが認められた。いずれも、先のイングランドの事例のなかにも入っているものである（山田 2015、終章）。

懸命な教師たちの努力

最近実施した第3の共同研究(3)では、これまでみてきたような国家レベルの施策が実際の学校現場でどのように実現されているかを、各国の「しんどい」地域に立地する特定の小学校を事例として明らかにすることが試みられた。対象国は、シンガポール、韓国、香港という3つの東アジアの国・地域と、イングランド、フランス、ドイツ、オランダという4つの西ヨーロッパの国である。各校でひとつの小学校を選定し、1週間ほどのフィールド調査を3年間にわたって継続した。報告の詳細は著作(3)に委ねることにして、ここでは終章に掲載されている総括的なコメントを記しておくことにしたい。

複数年間の小学校訪問を通して執筆者全員が口をそろえて言えることがある。それは、何よりも学校では、楽しんでいる子どもたちの笑顔とやりがいを感じている教師たちの充実した表情に出会えたことにある。家庭や地域の環境が決して豊かとは言えないなか、各国の学校の取り組みは、児童と保護者一人ひとりに真摯に耳を傾け、異なる学力困難とその背景に向き合い、諦めずにがんばる教師による、多様で固有の実践で、自ら教材を作成し、評価し、終わりなく挑戦、という地道な努力の繰り返しがみられた。どんなに忙しい

ときも、我々調査者に対して誇らしげに、自分たちの実践を語る姿が忘れられない。（園山2019、320頁）

私たちのチームが見出したのは、東アジアと西ヨーロッパという限られた地域においてのことだが、それぞれの小学校において教師たちが懸命に格差の是正という課題に取り組んでいる姿であった。そのことを自分たちの目で確認できたのが、本研究の何よりの成果だと考えている。

3　日本ではどうなっているか

ほとんど格差是正の政策がない日本

上記の著作(1)と(2)をつくりあげる過程で私たちが痛感したのは、日本では教育における「格差是正」に向けての政策がほとんどないということであった。子どもの貧困対策の一環として、子ども食堂や地域の学習教室が今日広がりつつあるが、その管轄はそもそも教育委員会ではない。先にふれたブレア政権下のイギリスのように、学力の底上げに莫大な国家予算が投じられる状況にはまったくないのがこの国の現状である。いまだに子どもたちの貧困に対して、「見て見ぬふり」をする学校文化が色濃く残っている（盛満 2011）。だれかを「貧困家庭の子」とカテゴリー化することは、その子に対する差別を助長するおそれがあるという観念が支配的なのである。

そうしたなかで、歴史的にみて唯一の例外だといえるのが、被差別部落の問題に起源を有する同和対策、そこから生まれた同和教育の流れである（苅谷 2001）。1969年に発効した同対法（正式には「同和対策事業特別措置法」）以来、2002年に同和対策が終了するまで33年間で約15兆円もの国家予算が投下された。それよりもさらに長い歴史を有する同和教育の特徴については、『学力格差を克服する』（志水 2020、第1章）に整理してあるので、そちらをごらんいただきたい。なお、本書の7章では、その同和教育の精神が生かされた高校段階における制度的手立てとして、大阪府の「外国人特別枠」「自立支援生枠」についての紹介を行った。大阪の教育実践には他に例をみない特徴がいくつもあるが、そのルーツは間違いなく同和対策・同和教育にあるといえる。

布忍小の試み

ここで本題に戻ろう。学力格差の是正策についてである。筆者の見立てによると、その実質は、「学力保障」という理念にもとづいて組み立てられた大阪の同和教育実践にある。2003年度のことである。私はそれに先立つ学力実態調査によって代表的な「効果のある学校」（＝教育的に不利な環境にある子どもたちの学力を下支えしている学校）と判定された大阪府松原市の布忍《ぬのせ》小学校で一年間にわたる参与観察調査を行った。そこで見出された学力格差是正のための具体的取り組みは、以下のようなものであった（志水2003、34－42頁）。

(1) 教師間での「子ども像」の共有とそのもとでの協働
(2) 子ども一人ひとりの学びを促進する学級集団の成立
(3) 学校での学びと家庭での学びの有機的なリンク
(4) 基礎学力定着のための指導の徹底
(5) 診断テストによるパフォーマンスの継続的チェック

この布忍小のやり方と著作(3)で扱われている海外の小学校でのやり方を比べてみた場合、

次のような特徴が浮かび上がってくる。第1の、そして最大の特徴は、「学びの集団性」を大事にしているという点である。(1)において教師の「線をそろえる」ことが第一義的に重要とされ、(2)で「学習集団」の質こそが一人ひとりの子どもの学びのカギとなることが明示されている。個々の教師の創意工夫や子ども個人への適切な働きかけを重視するのが海外の一般的傾向であるが、それとは対照的な学びへのアプローチが存在していた。当時さかんに校内で交わされていた「わからない時にわからないと言える学習集団づくり」というスローガンがそのエッセンスを示している。

第2に、(3)の中心をなすのが「宿題」というツールであった。同和教育の勃興期において当時の布忍小の教員たちは、子どもたちの学習習慣を形成する切り口は家庭学習にあると考えた。「低学年では30分、中学年では60分、高学年では90分の宿題」という基準が当時用いられていたが、アジアの国ならありうるものの、ヨーロッパ諸国ではこれだけ時間のかかる宿題は通常出さない。

第3に、(4)にみられる指導の徹底である。授業内における「習熟度別指導」の積極的な活用、授業外の種々の補充学習（昼学習、放課後学習、長期休暇中の補習）の採用などによって、子どもたちの基礎学力の定着が図られていた。外部者である筆者の目からみて、それらの手立ては幾重にもはりめぐらされたセーフティネットのように感じられた。日本と比べ勤務時間が長くない海外の教員たちにこれだけインテンシブな取り組みを展開するのは難しいと思われる。

ここに述べたのは、大阪のある特定の小学校における取り組みである。これを次元拡張し、大阪府教育委員会とタイアップして公表したのが、次にあげる「力のある学校」のスクールバスモデルである（志水 2009a）。

「力のある学校」をみる8つの項目

2006年度に大阪市を除く大阪府の全小学校・中学校が参加した学力実態調査が行われた。その分析に筆者の研究室のメンバーが参画した。利用したのは欧米の「効果のある学校」論の枠組みである。分析を通じて「効果のある学校」だと判定された学校のなかから10校（小5校・中5校ずつ）を選定し、一年間の参与観察調査を実施し、その結果をまとめたものがこのスクールバスモデルである。学校は、「乗務員である教職員が、乗客である子どもたちを目的地に連れていくバスだ」というイメージである。なお、「力のある学校」（empowering schools）という言葉は筆者の造語であり、「すべての子どもをエンパワーする学校」を意味している。

(図9-3)「力のある学校」のスクールバスモデル

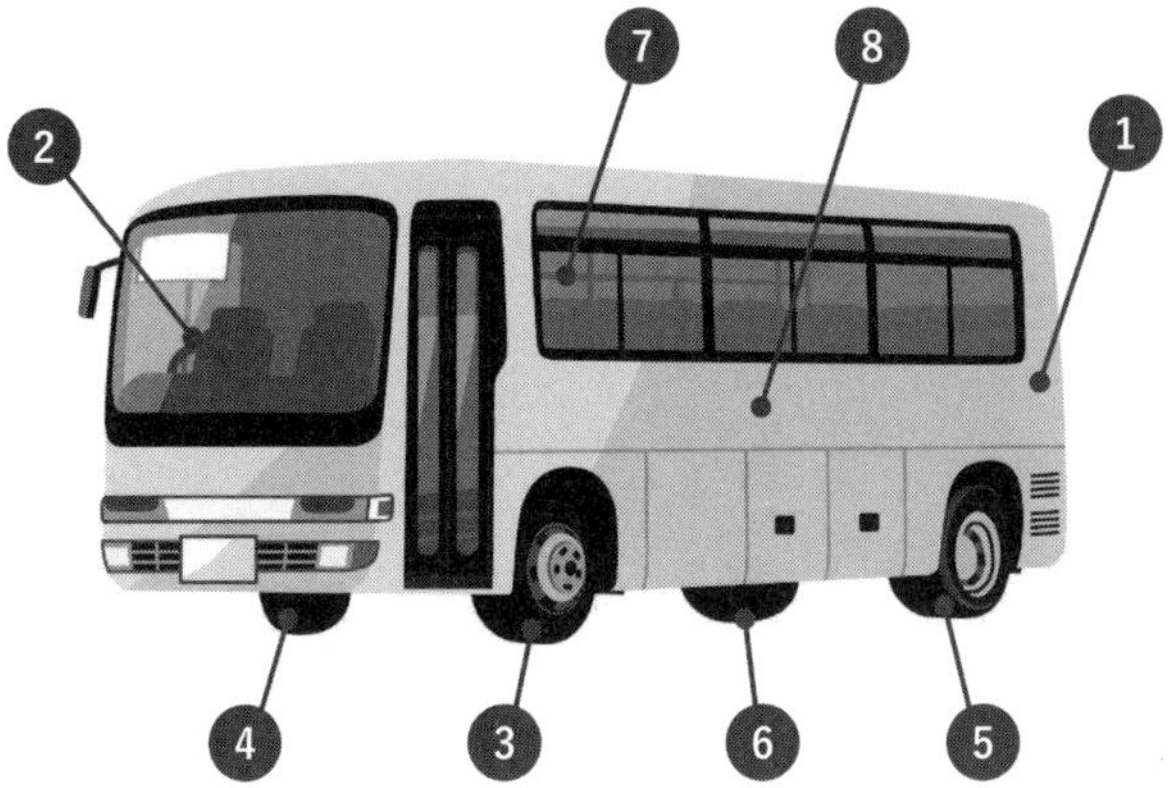

❶ エンジン
気持ちのそろった教職員集団
●チーム力を引き出すリーダーシップ
●信頼感にもとづくチームワーク
●学び合い、分かち合う同僚性

❷ ハンドル(アクセル)
戦略的で柔軟な学校運営
●ビジョンと目標の共有
●柔軟で機動性に富んだ組織力

❸ 前輪(左)
豊かなつながりを生み出す生徒指導
●一致した方針のもとでのきめ細かな指導
●子どもをエンパワーする集団づくり

❹ 前輪(右)
すべての子どもの学びを支える学習指導
●多様な学びを促進する授業づくり
●基礎学力定着のためのシステム

❺ 後輪(左)
ともに育つ地域・校種間連携
●多様な資源を生かした地域連携
●明確な目的をもった校種間連携

❻ 後輪(右)
双方向的な家庭とのかかわり
●家庭とのパートナーシップの推進
●学習習慣の形成を促す働きかけ

❼ インテリア(内装)
安心して学べる学校環境
●安全で規律のある雰囲気
●学ぶ意欲を引き出す学習環境

❽ ボディ(外観)
前向きで活動的な学校文化
●誇りと責任感に根ざす学校風土
●可能性を伸ばす幅広い教育活動

[出典] 志水(2009a、72頁)

設定されたのは、次の8項目である（小項目に分けると17項目）。

①　気持ちのそろった教職員集団　（Teachers）
②　戦略的で柔軟な学校運営　（Organization）
③　豊かなつながりを生み出す生徒指導　（Guidance）
④　すべての子どもの学びを支える学習指導　（Effective teaching）
⑤　ともに育つ地域・校種間連携　（Ties）
⑥　双方向的な家庭のとのかかわり　（Home-school link）
⑦　安心して学べる学校環境　（Environment）
⑧　前向きで活動的な学校文化　（Rich school culture）

このバスモデルを生み出す過程を通じて、私たちが痛感したのは、学力を授業のみで支えるのは不可能であるという事実であった。そもそもの「効果のある学校」概念は学習指導（＝授業）の領域にかかわるものであるはずだが、日本の学校文化のもとでは、とりわけその学校が社会経済的にきびしい地域に立地する場合には、それだけに決して留まらないことが明らかになったのである。学習指導のみならず、生徒指導の領域における丹念な指導が、さらには学校内の活動だけではなく、子どもたちが育つ家庭・地域やさまざまな外部機関との連携なくしては「事が動かない」ことが明白となった。上記の8項目すべてがそろってこそ、すべての子どもの学力が下支えされうるということである。子どもたちの学力を支える「効果のある学校」は、すべての子どもひいてはそこにかかわるすべての大人をエンパワーする「力のある学校」でなければならない。それが、この仕事を通じて私たちが見出した結論である。

5章で紹介した大阪府茨木市の事例は、いわばこの「スクールバス」を全市で走らせようと試みたものであるともいえる。公正の原理を重視する、「一人も見捨てへん」教育が、学力面での大きな成果を生み出したのである。そこで展開された多面的・総合的な教育活動の総体は、スクールバスの8つの要素を余すところなく体現するものである。

特筆すべきは、この茨木市の試み、あるいはスクールバスモデルを生み出す契機となった各校のユニークな諸実践は、徹頭徹尾ローカルなものだということである。国の法律や施策が後ろ盾にあったわけではない。ましてや大阪府では、維新の会という政治勢力が教育現場に「逆風」をもたらしていた。そのさなかに、スクールバスは走り続け、茨木市の成果が誕生したのであった。

これは、中央政府の積極的なイニシアチブで学力格差の是正を図ろうとしている世界のトレンドとは真逆を行くものである。国レベルの動きではなく、つまりトップダウンの働きかけではなく、純粋にローカルなレベルで、ボトムアップの積み重ねによって松原市（具体的には布忍小）や茨木市のめざましい成果が生み出されている。

目を全国に転じれば、各地で独自の取り組み・実践が展開されていることだろう。そうでなければ、PISAやTIMMSといった国際学力調査においてトップレベルの成績を収め続けることは不可能である。「現場のがんばり」、日本の実態はそれに尽きると思う。

4　まとめ

全国学テのハイステイクス化

ここまでで、筆者がもっている「手札」はほぼ出し尽くした。研究者としての筆者自身が経験したかぎりにおいて、現場の教師たちはいずれの国においても頑張っている。もう少し言葉を加えていうなら、きびしい環境・状況のもとにある子どもたちの学力を支えるために、できる範囲で懸命に努力を続けている。「しんどい子ほど可愛い」という表現が大阪にはあるが、他の国々においても似たり寄ったり、そのように思う教師が多いようである。ただし違いがある。今日世界の多くの国々で、公正の原理に即して学力格差是正策が積極的に採られているのに対して、日本の政府の対応はきわめて鈍いということである。格差是正のための取り組みは、基本的に各自治体そして各学校の創意工夫に任されているというのが現状である。なぜか。答えはおそらく、「そうしなくてもよいから」である。あくまでも相対的な話になるが、日本の状況は他国と比べてずいぶんマシなため、「お尻に火がつかない」状態に留まっているのである。貧富の格差が著しい国、大量の移民・難民が流入してくる国などでは、そんな余裕はない。手を打たないと国家の存亡の危機となるからである。

2007年にスタートしたのが、全国学力・学習状況調査（=全国学テ）である。筆者は当初、そのあり方を考える有識者会議のメンバーであり、それを対象にした小さな本を出版したこともある（志水 2009b）。そこで第一に主張したかったことは、「多くの目的が全国学テには押し込まれすぎており、それを整理しなければならない」というものであった。とりわけ、「結果を精密に分析して、日々の指導に生かす」という教育的利用の考え方と、「全国的な実態を把握し、将来の政策に生かす」という政策志向のスタンスとの隔たりは大きく、「呉越同舟」という形容がぴったり来るような状況だ。さらに、結果の公表が議論の俎上にあげられるようになり、その「迷走ぶり」は明らかであった。

佐藤・北野両氏による新著『世界のテスト・ガバナンス―日本の学力テストの行く末を探る』（2021）では、日本の現状が次のように総括されている。

全国学テ実施の際には、「全国的な学力の実態把握」が目標とされ、文科省側は過度な競争を起こさないことを強調していたものの、全国学テ実施10年を経た現状を鑑みると、次第に米国に接近するような競争と結果重視の学力テスト政策へと変容していることが理解される。（佐藤・北野 2021、24頁）

ここでは「テスト政策へと変容」という表現が用いられているが、それは正確ではないと思う。「一貫した政策意図が変化した」というわけではない。多義的なテスト実施の目的のうちのひとつ（＝テスト結果にもとづく学校間の競争の活発化）が次第に肥大化してきたということである。教育社会学を実践してきた筆者には、それは当然の帰結のようにも思える。結果的にであれ、意図的にであれ、日本の全国学テは、アメリカやイギリスに存在しているような「ハイステイクス・テスト」（卒業要件、学校評価や教員評価、あるいは学校の統廃合などに使用されるテスト）に近づきつつあるのかもしれない（佐藤・北野前掲書、終章）。そこは基本的に、公正ではなく、卓越性の原理が支配する世界である。

ワールドクラスの学校も「公正」から

「テスト・ガバナンス」と称される状況を世界につくり出すうえで決定的な役割を果たしたのが、2000年からOECDが実施しているPISAである。そのPISAにおいて一貫して主導的な役割を果たしてきたのが、A・シュライヒャー氏である。自伝的要素も含んでいる氏の近著『教育のワールドクラス―21世紀の学校システムをつくる』（シュライヒャー 2019）において、「ワールドクラス」と称する学校システムは、教育の公正を追求することによってこそ成し遂げられる、という興味深い議論を展開している（前掲書、第4章）。

おそらく、ワールドクラスの学校システムによる最も素晴らしい成果は、質の高い教育がシステム全体に行き渡り、生徒全員が優れた教育の恩恵を受けられることだ。教育の公平性を高めることは、社会的に公正であるのみならず、社会資源をより効率的に活用し、経済成長と社会的結束を促進する知識とスキルの提供を増やす方法でもある。（前掲書、166頁）

シュライヒャー氏は、フィンランド、カナダ、シンガポールなどと並んで日本を「ワールドクラス」の教育をもつ国として高く評価している。そして、そのきっかけが、ドイツ型の複線型学校システムを捨て、「高い総合的学力と高い学習成果の公正性」（前掲書、187頁）の実現を可能にした明治政府の教育改革にあったと指摘する。おそらく、その指摘は正しい。明治維新、そして第二次世界大戦の敗戦という2つの歴史的イベントを経て、平等性を基調とする学校システムを有してきたことが、高い教育成果を収める源泉となってきたはずである。

その基本的性質が、21世紀に入り「制度疲労」をきたすようになってきている。そのツケを「現場の努力」に任せてクリアする時代はもはや終わった。抜本的な革新が社会的に要請されている。

10章 公教育のこれから――アミタリアンをつくる

1 教育機会確保法の時代

教育機会確保法

いよいよ本書を締めくくる段階となった。この章は「終章」、すなわち結論部分をなすところだと考えていただいてよい。

1990年代以降、日本は格差社会化の一途をたどっている。そのなかで、学力研究に携わってきた筆者は、小・中学生たちの学力格差が拡大しつつある様子を見て取り、併せて「学校自体が二極化しつつある」という本書の主題を着想するにいたった。ただし、本書Ⅱ部でつぶさにみてきたように、日本社会のなかに学校選択制が一挙に広がるとか、公立学校がおしなべて低位な状況に押し込まれるとか、という状況には立ち至っていない。新自由主義的教育改革が目指す弱肉強食の世界への進行には、一定の歯止めがかかっているのが日本の現状である。

ただし、戦後改革によって成立し、高度経済成長をけん引した歴史を有する現代日本の学校システムが、その形を変えなければならない時期に来ていることは確かである。今のシステムを、ここでは「かたい学校システム」と名づけておこう。考えるべきは、その対極にある「やわらかい学校システム」の構築である。この問いは抽象的に探究するより、具体的に論じた方がわかりやすいだろうから、ここでは、２０１７年に成立した「教育機会確保法」を素材として取り上げ、その意味するところを掘り下げて考えてみたい。

この法律ができた背景には、現代社会に生きる人々の多様化する教育ニーズに、「一条校だけではもはや対応しきれない」という現状認識があった。「一条校」が最重要のキーワードである。それは、「学校教育法第一条に定められた学校」のことである。具体的には、「制定当初は小学校、中学校、高等学校、大学、盲学校、聾学校、養護学校と幼稚園であった。その後の法改正により高等専門学校、中等教育学校、義務教育学校が加わるとともに、盲学校、聾学校、養護学校は特別支援学校となった」（大桃・背戸 2020、1頁）ということである。要するに、本書で「単線型学校体系」と呼んできたものの中核をなす存在が「一条校」ということになる。

たとえていうなら、日本の学校システムは、「串団子」のような形をしている。串にささっている団子が、小学校・中学校・高校である。それに幼稚園・大学という団子が加わる場合もある。高専や中等教育学校・義務教育学校、そして特別支援学校は、やや変則的な団子とみることができよう。それらを貫く串が、一人ひとりの子どもの「教育キャリア」ということになる。冒頭に挙げた「かたい学校システム」という表現は、串団子の形のキャリア（＝人生）しか想定しないような学校のあり方、人々を「鋳型にはめる」ことをもっぱらとするような学校のあり方だと考えていただければよい。

フリースクールと夜間中学の正規化

話を教育機会確保法に戻そう。

この法律は、さまざまな理由で十分な学校教育の機会を享受することができない（できなかった）人々に対する手立ての確保を目的としてつくられたものだ。想定されている教育機関は、フリースクールと夜間中学の2つである。フリースクールと夜間中学という既存の教育の場のステータスを引き上げ、そこに通う人々の教育機会を正規の（＝一条校に通うのと同等の意味をもつ）ものとすることを、この法律はねらっている。

興味深いのは、この法案はフリースクール関係者と夜間中学関係者という、似て非なる2つの「圧力団体」の動きをベースにして、超党派の議員立法で成立したという事実である。前者の目的は、フリースクールと総称される「多様な学びの場」の承認であった。それに対して後者のねらいは、在日外国人を中心とする、中学校教育すら十分に受けることができない人々に義務教育を保障することであった。前者は「一条校以外の教育の場を認めよ」という立場であり、後者は「すべての住民に一条校的な教育を確保せよ」というスタンスであるという意味において、きわめて対照的な方向性をもつ。「呉越同舟」とも呼ぶべき状態のなか、ある種の妥協の産物としてできあがったのが教育機会確保法である。

先の串団子のたとえでいうと、前者の考え方は「さまざまな団子があっていい」「串はまっすぐ一本である必要はない」といったものになろうか。それに対して後者の考え方は、「どんな人でも串団子を食べることができる環境づくりが肝心」というものである。「かたい学校システムをやわらかくする」ということの意味合いは、システム自体の形を硬直的なものからよりソフトなものにする（前者に相当）ことでもあれば、システムの中身やその出入りのルートを柔軟なものにすること（後者に相当）でもある。

オープンな公教育システムの構築

筆者は先頃まで、日本学術会議の委員を務めたが、その期間中にこの教育機会確保法の成立に刺激を受け、ひとつの組織（「教育の排除・包摂」分科会）を立ち上げ、多くの議論を積み重ねた成果として、２０２０年に「すべての人に無償の普通教育を―多様な市民の教育システムへの包摂に向けて」と題する提言を発表した（日本学術会議　２０２０）。ぜひ読者の皆さんにもその文書に目を通していただきたいと考えるが、私たちが重視したのは、「多様な市民」（外国人や障害のある人々、貧困状態に置かれた人々や不登校経験がある人々などすべての人）に開かれたオープンな公教育システムを再構築すべきであるという、公正重視の考え方であった。

そこで決定的なのは、「だれ？」（who）という問いである。公教育をどのように再構築するのかが私たちの問いであったが、「どの層に着目するか」で、公教育のあり方についての具体的構想は当然のことながら変わってくる。当然「すべての人にとって」ということが考えられなければならないのだが、それではあまりに漠然としている。都市部の豊かな階層の子どもたちを念頭に置いて考えるのか、「マイノリティ」と呼ばれる立場にある子どもたちのことを想定して検討を加えるのか、あるいは過疎地に生まれ育つ子どもたちにとっての学校の意味を考えるのか。想定する「だれ」の違いによって、話は大きく変わってくるだろう。

その意味でいうなら、前章までの記述から明らかなように、筆者はこれまで「しんどい」層の子どもたちにとっての学校という観点から、そのあり方に検討を加えてきた。

2 「しんどい層にとっての学校」からの展開

関心を向けなかった親目線からの学校批判

「しんどい」という関西弁の語いは、最近ではかなり一般的に使われるようになってきた感がある。「しんどい」のもともとの意味は、標準語の「疲れた」に近いものだが、関西の教育現場では独特の言葉・表現として幅広く使われてきた。「しんどい子」とか、「しんどい家庭」とかといった言い方がよくなされる。「課題をかかえた」といった意味である。

教育社会学の領域で仕事をしてきた筆者は、これまで「被差別部落の子どもたち」や「ニユーカマー（外国人）と呼ばれる子どもたち」や「勉強が不得意な子どもたち」を対象に研究を行ってきた。指導する学生たちのなかには、「障害のある子ども」や「貧困家庭の子ども」や「ひとり親の子ども」や「施設の子ども」を対象にフィールド研究を積み重ねている者たちがいる。いずれも学校現場においては、「しんどい子ども」とみられがちな存在が対象である。そして、「しんどい子ども」の家庭は「しんどい家庭」である場合が多い（施設の子どもたちは、「家庭すらもたない存在」である）。

本書を書く以前に、「お受験」や「塾・習い事」についてまともに調べたり、書いたりすることは実はなかった。右に述べた関心の「外」にあったからである。また、家庭がしんどいがゆえに不登校に陥りがちの子どもたちのことは気にかかるものの、一般的な学校文化に合わないのでフリースクールを主体的に選択していると思われる子どもたちのことはそれほど気にはならなかった。彼ら「強い個人」は、筆者の関心外であると決めつけていたからである。

「しんどい子どもたち」にとっての大事な場所が、公立の小・中学校である。そして、彼らをエンパワーし、彼らの未来を切り拓くうえで大きな役割を果たすのが、公立学校の教師たちである。そこで筆者は、「公立学校のサポーター」を自任し、教師たちを勇気づけるような仕事（調査研究と執筆活動）をしてきた。いわば教師サイドに立つのが自分の役割と考えてきたのである。その結果として、親の自由や選択の重要性あるいは親目線からの学校批判については、耳を傾けることなく過ごしてきたというのが本当のところである。

「吹きこぼし」「脱出者」への視線

そうした筆者の「一面性」を鋭くついたのが、教育学者の宮寺氏である。氏は、筆者の研究を評価しながらも、「志水氏の公立学校擁護論は、まさしく教師たちに対する応援歌である。しかし、（中略）少なくとも、教師への応援歌は親への応援歌には直結しない」（宮寺 2006、128頁）と批判的に論じている。その通りである、といわざるをえない。

親の選択の自由と公教育のあり方との兼ね合いについてすぐれた論考を行っている宮寺氏は、ある本の序で次のように述べている。

人々が、差異をふくんだ多様な教育機会を望んでいるのは確かだ。求められているのは、教育機会の一律の平等化ではなく、実質的な、個別の必要をふまえた機会の保障である。〝おちこぼし〟をつくらないことはもとより、〝ふきこぼし〟や〝脱出者〟（公立校から私立校への）を出すことなく、多様で個別的な教育要求をどこまで公教育制度の枠内に吸収

しうるかの検討が急務である。（宮寺 2011、8頁）

この指摘にある問題意識は、筆者を含めた今日の多くの教育学者が共有しているものである。そして筆者は、いかに「おちこぼし」を出さないかに重点を置いて仕事をしてきたので、「ふきこぼし」や「脱出者」の存在にはあえて目を向けてこなかったということになる。「公正」の原理を大事に考えてきたために、少なくとも本書を書く前の段階までは、卓越性の追求という問題をあえて考えてこなかった、と表現できるかもしれない。

PISAの「総監督」の貴重な意見

しかし、公教育の全体像を構想する際には、すでに本書のいくつかの章で述べてきたように、公正のみならず卓越性の問題を同時に問うという作業が不可欠だと思われる。その点において、前章でもふれた、国際学力テストPISAの「総監督」ともいえるシュライヒャー氏の議論は興味深い。そのエッセンスをここで紹介しておこう（シュライヒャー 2019、第3～4章）

氏は世界のなかでPISAにおいてよい成績を収めている国を、「ワールドクラスの教育システム」と呼び、その特徴を次のように整理している。すなわちそれらは、「教育を優先する」「すべての生徒が学び、高い水準に達することができると信じる」「質の高い教員を採用し定着させる」「教員・生徒・保護者をひとつにする」「学校の自立性を適切にする」「より多くではなく、より賢く支出する」といった共通性を有しているというのである。何よりも、ワールドクラスの教育システムはいずれも、公正を達成することに注力し、結果として好成績を収めている（＝高い卓越性をもつ）。テクニカルな表現を使うなら、高い学力水準（＝卓越性）は、学力格差の縮小（＝公正）をまず何よりも前提としているということである。

改めて考えてみよう。うまくいっている国では、公正と卓越性を高い水準で両立することができている。そのような学校システムのもとでは、「おちこぼし」や「ふきこぼし」はほぼ生じない。逆にいうなら、両者のバランスが崩れたとき（典型的には、卓越性を追い求めるあまりに公正がおろそかになるとき）に、「おちこぼし」や「ふきこぼし」の発生が顕著になる。シュライヒャー氏は日本の教育を高く評価するが、ワールドクラスの教育システムとしてのその地位は盤石なものとは言い難いのが実際のところである。

これまで筆者自身は、現状の学校システムを前提として議論する傾向が強かった。「しんどい層」の子どもたちが現状のシステムをどう生き延びるかに関心をもってきた。しかし、かたい学校システムのままでは、種々のひずみが増大していくことは避けがたい。もし今よりもやわらかい学校システムをつくることができれば、問題は抜本的に改善・解決できるかもしれない。端的にいうなら、公教育システムのバージョンアップが、今必要なのである。そして、結論を先取りするなら、その課題はシステム内に公正の原理を復権させることで成し遂げられるに違いない。一人ひとりがかけがえのない個として大事にされる学校が今こそ求められている。

以下では、改めて筆者なりの公教育論を展開してみたい。

3 公教育の理念を考える

個人と社会の接合をめぐる活発な議論

公教育とは、国の税金によって賄われ(official)、すべての人に開かれた(open)、共有財産のようなもの(common)である。このときに問題になるのは、共有財産の中身をどのようなものにするかということであり、より端的には、どのような人間を育てるのかということとである。アテネの教育の理想は「文人」をつくることであり、スパルタのそれは「武人」だった、というよく知られた話がある。同様に、明治の教育は「よき臣民」を育成しようとしたが、現代ではその理念は「よき市民」という語にとって代わられている。両者は、言葉としては似通っているが、その中身には大変大きな隔たりがある。社会によって、時代によって、教育の理想は大きなふれ幅で変わっていくのである。

アメリカの政治哲学の領域に、「コミュニタリアン」（共同体主義者）と「リバタリアン」（自由至上主義者）という対立する用語がある。教育の問題を考える際にも、この対義語は有効である。筆者は、近著で次のように書いた。

新たな社会を構想する際に今日的な焦点となっているのが、リバタリアン的な理想とコミュニタリアン的な理想の対立である。この対立は、公教育の今後を考える上でも大きな問題となる。（中略）

端的に言うなら、「個の自由」か、「共通善」か、という対立である。

学校教育システムは、基本的には「共通善」を新しい世代に伝達・継承していくものとして創設されたに違いない。どの国においても。とりわけ日本では、その傾向はより強いものとなっていよう。というのも、日本には個人の自由を尊重する気風が相対的に弱いからである。これまでにも見てきたように、その集団主義的傾きゆえに、過度の同調が強要されたり、諸個人の個性が抑圧されたり、あるいは「よそ者」が排除されたりすることもしばしばあった。（中略）

課題は明白である。両者のバランスをいかにうまくとるかということである。個人の自由が大事だということは言うまでもないが、リバタリアンの言うように、ほぼ無原則でそれを認めるというわけにはいかない。他方、国や地域や家族の絆・伝統も大切ではあるが、それが個人を過度に抑圧したり、疎外したりするものであってはいけない。しかも今日では、それらがもはや解体しつつあるという議論がさかんになされている。そもそも、もうもとには戻れないのである。（中略）

このような状況のもとで、個人と社会とをどうしたらうまく接合することができるだろうか。それについては、「中間組織」、「サードプレイス」、「新しい公共」、「コモンズ」といった種々の概念やキーワードが注目され、さまざまな議論が展開されている。（志水 2020、198‐201頁）

第三のあり方としての「アミタリアン」

コミュニタリアンとリバタリアンの二項対立を超える新たな人間像が、今求められている。それをここでは「アミタリアン」という言葉で表しておきたい。(注1) アミタリアンとは、「個人の自由（liberty）に自閉するのではなく、かといって共通善の源になる所属集団（community）に埋没するのでもない第三のあり方」（志水前掲書、202頁）であり、「友人関係」を意味する英語であるamityに由来する言葉である。次は、私の前著からの引用である。

アミタリアンとは、周囲にいる人たちや外部にいる人たちと自由闊達につながることができる、柔軟かつタフな精神をもつ人たちのことである。アミタリアンは、孤立した「個人」ではなく、また共同体に縛りつけられた「人間」でもない。賢さとしなやかさとたくましさを併せもつ「人」である。自分がかかわる一人ひとりの個性や気持ちを大事にしながら、地域や家族がもつ伝統や縦のつながりもおろそかにせず、横の、あるいは斜めの人間関係を着実に築いていける人、それがアミタリアンである。アミタリアンは、自分のまわりに「アミ」＝ネットワークを築ける人でもある。そのネットワークは、それを構成する諸個人にとっての物質的・精神的な「セーフティーネット」たりうるであろう。

（図10-1）3つの人間類型

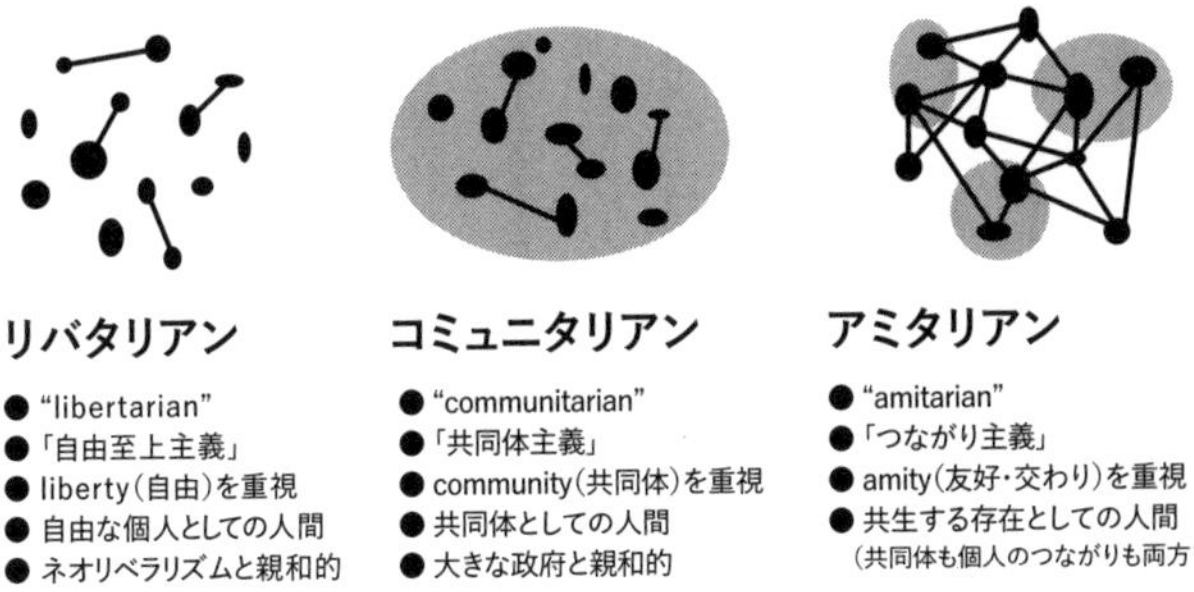
リバタリアン
● “libertarian”
●「自由至上主義」
● liberty（自由）を重視
● 自由な個人としての人間
● ネオリベラリズムと親和的
コミュニタリアン
● “communitarian”
●「共同体主義」
● community（共同体）を重視
● 共同体としての人間
● 大きな政府と親和的
アミタリアン
● “amitarian”
●「つながり主義」
● amity（友好・交わり）を重視
● 共生する存在としての人間
（共同体も個人のつながりも両方？）

これからの公教育が担う役割は、そうしたアミタリアンを育てることではないかと表現することもできる、と私は考えている。（前掲書、202頁）

図10－1をごらんいただきたい。[注2] これは3つの人間類型の違いを図式的に表したものである。図中、点が「個人」、網かけ部分が「共同体」、そして個人と個人を結ぶ線が「人と人とのつながり」を表している。要するに、個人のLibertyを重視するのがリバタリアンで、共同体Communityの共通善を重視するのがコミュニタリアンだが、そのどちらに偏ることなく、人と人とのつながり、つまりAmityを重視するのがアミタリアンということである。

リバタリアン的世界では、「自分さえよければいい」という風潮が社会にまん延しがちとなる。コミュニタリアン的世界では、「長いものには巻かれろ」という処世術が幅をきかせることになる。アミタリアンがつくる世界は、先の引用に述べたような、人々がゆるやかに、多面的につながる世界である。そうした世界をつくっていける「賢さとしなやかさとたくましさを併せもつ人」を公教育の力で育んでいきたい。

幸福と学校教育

この理念を、もう少し違った側面から意義づけてみよう。

突拍子もない話となるが、筆者は40代のころに「人の幸せとは何だろう」としばしば考えたことがある。そのときの結論が、「幸せとは、好きな人と好きなことができること」というものであった。この答えは、「幸せとは幸せと感じることだ」という心理学の立場と、「幸せとは各種の生活機会に恵まれることだ」という社会学の立場の折衷案として出てきたものである。

学生たちに「幸せとは？」と問うと、「好きなことができる」という答えが返ってくることが多い。筆者ももちろんそう思う。ただ私は、「好きな人」がかたわらにいれば、「その幸せが本物になる」と思う。「好きな人」とは、別に恋人という意味ではない。もちろんそれも含むが、家族や友達や仕事仲間や同好の士などすべてを含んだ「好きな人」、言い換えるなら「一緒にいたいと思う人」のことである。幸せには、「好きなこと」と「好きな人」の2つの要素が必要だというのが、筆者の考えである。

他方で筆者は、授業や講演や研修の場などで、常々「学校の役割は、子どもたちの、確かな学力と豊かな社会性を育むことだ」と話している。今はやりの言葉でいえば、学校が育むべきは「認知能力」（＝学力）と「非認知能力」（＝社会性）だということになる。

人が「好きなこと」ができる状態になるためには、一定の「学力」が必要である。読み書きそろばんの力、あるいは一定の教育歴・学歴があった方が、人はさまざまな生活機会を享受しやすいだろう。そして自分の「好きなこと」をさらに発展させていくことにとって、確かな学力は不可欠である。一方、「好きな人」を見つけることができる力が、ここでいう「社会性」である。もちろん、「コミュニケーション能力」と言い換えることもできる。要するに、「人とかかわる力」が社会性である。

このように考えてくると、学校教育の二大役割である「学力」と「社会性」が、幸せの2つの要素――「好きなこと」と「好きな人」――ときれいに対応していることがわかる。学校で学力を獲得することは、子どもたちが「好きなこと」を見つけることに貢献する。同時に学校で社会性を育むことは、彼らが「好きな人」を見つける上での原動力になる。すなわち、こう考えればよい。学校は、子どもたちを幸せにするためにあるのだ。

こうみてくると、アミタリアンという理念は新しいようで、実は特段新奇なものではないことがわかる。「確かな学力と豊かな社会性」という学校の役割はおそらく昔からずっとあったもので、その中身はここでアミタリアンという新たな用語を使って説明した事柄と大きく重なってくる。すなわち、学校の理念にはその立ち上がりの時期から変わらない部分があり、それが実質的に機能していないがゆえに、低学力・いじめ・不登校といったさまざまな問題が生じ、改革が要請されるにいたっているのである。

4 やわらかい学校システムをつくる

高校段階までの普通教育の無償化へ

近著において筆者は、右に述べたような公教育の理念を実現するための工夫として、以下の6つの項目を指摘した（志水 2020、第5章）

①すべての人に、高校段階までの無償の普通教育を保障すること
②早期の分化を抑制し、多様なリカレントルートを整備すること
③教育における評価・配分の機能を極力弱めること
④学校のカベを薄くし授業を学校外の社会生活に結びつけること
⑤できるかぎり多くの集団的・協働的活動を取り入れること
⑥「できる」ことと「ある」ことを等しく大切にすること

はじめの3つは教育制度レベルについての、あとの3つは教育内容レベルについての指摘である。内容についてはは前掲書にくわしく述べているので、そちらを参照いただきたい（前掲書、225－236頁）。ここでは、中心的な論点を2つ（上記の①と⑥）にしぼり、その内容についてさらに掘り下げて論じてみたい。

まず①の「すべての人に、高校段階までの無償の普通教育を保障すること」という項目について。これは先に述べた、筆者らのグループがまとめた日本学術会議提言のタイトルにもなっている事項である。このタイトルには、私たちの4つのこだわりが凝縮されている。

第1に、「すべての人に」という言葉。戦前期の複線型学校体系においては、学校（とり

わけ中等教育段階以上の学校）は一部の恵まれた層にのみ開かれた。本書でも縷々述べてきたように、戦後教育改革によってもたらされた単線型学校体系によって中等教育・高等教育は一挙に拡大したが、そのなかでも十分な教育機会を得られない人々が依然として多く存在する。とりわけ外国籍の人々には、日本の学校に就学する義務はなく、実質的にそこから排除されている現状もある。一人もとりこぼすことなく、学校教育の恩恵を受けられる形を整えたい。

第2に、「高校段階までの」という言葉。すべての人に保障すべき教育は、高校段階までであると私たちは考えた。今日日本の高校進学率は96〜97％の水準にある。近年、選挙権年齢が20歳から18歳に引き下げられたことを、読者の皆さんはご存知だろう。すなわち、現代社会を生き抜くうえで必要な学力および社会性を身につけるためには、高校段階の教育が不可欠であると考えられるのである。

第3に、「無償の」という言葉。日本では、国家予算に占める教育費の割合がかなり低い水準にあることが明らかになって久しい（たとえば中澤 2014年）。多くの国で高等教育無償化の政策が採られているのに対して、日本は教育支出の大きな部分を「家計」が占めている。ペアレントクラシーの高まりの背景には、拡大する経済格差の問題がある。恵まれない家庭の子どもたちにとっての経済的障壁を除去するために、保障すべき高校段階までの教育は、すべて無償とすべきである。

最後に、「普通教育を」という言葉。普通教育という用語はあまり一般的には使われないが、教育内容を示す重要な概念である。すなわち、憲法第26条では、義務教育の中身が「普通教育」と規定されているのである。その上で学校教育法では、小学校では「基礎的な普通教育」が、中学校では「普通教育」が、そして高校では「高度な普通教育と専門教育」が施されるとされている。専門教育とは職業教育と呼ばれることもある。それに対比される普通教育とは、要するに、「市民として生きていくために必要な基礎的知識や技能を身につけるための教育」と形容することができる。私たちはその普通教育を、「一条校」にのみ限定させるのではなく、「一条校」そのものの改革を伴いつつも、その範囲を拡張し、公教育システム全体の包摂性を高めていくことで実現されるべきものであると考えている。義務教育という言葉では捉えられない広がりをもつのが普通教育という言葉である。

教育機会確保法の範囲の拡充を

この提言において、私たちは「国ができること」として以下のような指摘を行った。

第一にすべての市民に普通教育を提供するという教育の公正の理念を高く掲げることである。第二に、その理念にもとづいて教育制度を規定する関連法を再点検するとともに、教育機会確保法の実効力を高めることである。第三に、教育からの排除のリスクが高い対象を適切に捕捉し、その実態と背景要因の解明に努めることである。そして第四に、公正な教育の実現をもたらす教員の養成に取り組むことである。（排除・包摂と教育分科会 2020、16頁）

とりわけ私たちが重要だと考えたことは、教育機会確保法の範囲を拡充することである。その部分を引用しておこう。

教育機会確保法は、すべての児童生徒の教育機会の保障だけでなく、就学の年齢を過ぎた者や国籍にかかわらず、教育機会が確保されなければならないことを謳っている。しかしながら具体的な対策は、もっぱら不登校の子どもへの支援と夜間中学の設置にとどまっている。文部科学省は、2019年7月に同法の現状や課題、対応の方向性をまとめているが、その検討も不登校と夜間中学の設置にとどまっている。今後、外国籍の子どもの教育機会の保障や、経済的に困難な家庭の子どもの義務教育終了後の教育機会の確保など、その範囲を拡充する必要がある。

なお、この法律が審議され始めた当初は、従来の義務教育の考え方を見直し、フリースクールなども義務教育として認める方向で検討されていた。学校に通うことが困難な子どもたちを教育システムに包摂するためには、こうした多様な場での教育を普通教育として推進し、その際、公教育の解体につながらないように、専門家団体の組織や教員研修ネットワークの形成を通じ、多様な教育の場を普通教育として保障していくための認証の仕組みを構築していくことが求められる。(前掲書、17頁)

右の引用にも示されているように、私たちは「一条校が教育を独占する時代は終わった」と考えている。一条校中心主義（＝かたい学校システム）は随所にほころびや破綻がみられる。単線型システムのよさを維持しつつも、時代に応じた改変が目指されなければならない。スローガン的にいうなら、「同質性」「序列性」を特性とする現行のものから、「多様性」「異質性」に開かれたやわらかなシステムへの移行が求められているのである。

「見えない排除」へのアプローチ

次に、前出リストの⑥「『できる』ことと『ある』ことを等しく大切にする」学校づくりという提案について考えてみることにしよう。

いくら学校システム全体を「やわらか」なものとしたとしても、そのシステムを構成する一つひとつの学校の文化が「かたい」ままだと、実質的にはほとんど変わらないものとなる。より具体的にいおう。たとえば外国籍の子どもたち全員に日本の学校で学ぶ権利が形式的に与えられたとしても、個々の学校・学級の文化風土が彼らを容易には受け入れないものであったとしたなら、彼らの公教育システムへの包摂はままならないものとなる。というのも、教育における排除という現象は、「見える排除」（＝制度的排除）と「見えない排除」（＝文化的排除）という二側面をもつからである。ここで論じたいのは、後者の側面である。

一般に外国籍の子どもが日本の学校になじみにくいのは、彼らが日本の学校文化とは親和的でない文化・習慣をもち、生活言語・学習言語の両面において日本語が十分でないからである。「日本人として振る舞う」「日本語で勉強する」のは、いわば日本の学校の暗黙のルールであり、そのゲームに乗りにくい外国籍の子どもたちはその場から排除されがちになる。要するに、「競争」において負けやすいのである。この本で述べてきたように、現代はメリトクラシー（あるいはその進化形としてのペアレントクラシー）が支配する社会であり、その中核的制度である学校では「できる」（can）という価値観が重要視される。ある見方をするなら、学校は「できるようになる」場だということになる。

共生の原理

筆者は、ある意味での「受験戦争の勝者」であった。そして、教育社会学者となったわけだが、そのキャリアの初期には「学校は can の原理が支配する場所であり、そうでなければ学校ではない」と思い込んでいた。端的にいうなら、「卓越性」重視の考え方に当然のように立っていたのである。その考え方を修正してくれたのが、大阪の学校現場であった。そこでは、競争の原理ではない、もうひとつの原理（それをここでは「共生の原理」と呼んでおこう）が脈々と息づいていたのである。

「共生の原理」とは何か。それは、一人ひとりの存在をかけがえのないものと位置づけ、「できる者」だけではなく一人ひとり、すなわち全員が輝けるような協働・共創を大事にする考え方や働きかけである。そこでは、「ある」（be）ことが「できる」ことと同等の価値をもつものとされる。たとえば「家族」という集団のなかでは、生まれたばかりの赤ちゃんも身の周りのことをできなくなったお年寄りも、他のメンバーと同様の「かけがえのなさ」をもつ。なぜならば、「家族の一員」だからである。そこでは「できる」という価値はあくまでも相対的な位置づけしかもっていない。同じような状況を「学校」のなかにも実現したいのである。

大阪の学校で、筆者は次のような場面にふれることができた。

ある小学校では、「わからない時にわからないと言える学習集団づくり」というスローガンのもとに、授業のあり方が常に問い直されていた。「できない子」の気持ちや状態が尊重され、それが個々の授業にフィードバックされていた。学校生活全般においても、ある子が他の子を身体的・心理的に傷つけようとした瞬間に教師の指導が入っていた。そして、当事者間あるいは学級内での話し合いが始まった。意図的な言動にかぎらず、無意識的ないしは半意識的な振る舞いや言葉に対しても、である。そうした環境のもとで、「周囲の一人ひとりを尊重する」という確かな人権感覚が子どもたちのなかに育まれていた。

ある中学校では、「30年に一度」というほどの「問題児」が入学してきた。毎日遅刻して登校してくるが、気に入らないことがあると暴れたり、壁を蹴ったりする。授業の中身はほとんどわからない。その子をめぐって、管理職や学級担任を中心とする学年教師たちなど、大人が総出で親身なかかわりをもち続けた。その様子を周囲の生徒たちは見守り、自分たちにできることを考えた。彼の存在を核として、その学年の生徒集団の結束は強まり、3年次の全国学テでは教師たちが驚くほどの好成績をあげることができた。卒業後すぐ就職した彼は、しばしば教員室に顔を出しにきたそうである。

ある高校では、知的障害のある生徒が学年に数人ずつ通学している。(注3) 障害のある生徒も楽しめるようにと、生徒たちは体育大会の際の徒競走のあり方をあーでもない、こうでもないと議論しながら決め、楽しく協議していた。速さを競い合う通常の競走ではなく、また、同じような速さで走ってあえて順位を決めないような種類の競走でもない、「共生的競走」とでも呼ぶべき姿がそこにあった。

右に挙げた3校は、実は同一の自治体（大阪府松原市）に存在する学校である。7章でも述べたように、それらの学校の実践の背景には同和教育・人権教育の伝統がある。その最新の姿については、2019年に『未来を創る人権教育――大阪・松原発 学校と地域をつなぐ実践』（明石書店）というタイトルの本をつくったので、そちらをごらんいただきたい。ここでいいたいのは、「できる」ことと「ある」ことを同様に大切にする学校文化を実現させるのは簡単ではないが、しかし決して不可能ではないということである。その実例のひとつが、ここに示した松原の事例である。(注4)

5　おわりに

4つの夢

前節でエピソードを示した松原の学校の卒業生を、筆者は何人も知っている。彼らはいずれも、アミタリアンたりうる資質をもつ人たちである。そのような人を、全国すべての学校で生み出していきたい。

筆者は以前、「公教育の4つの夢」というアイディアを提出したことがある（志水 2008b）。4つの夢とは、「能力主義の夢」「平等主義の夢」「統合主義の夢」「民主主義の夢」であり、公教育によって達成されるべき理想を示したものである。

最初の「能力主義」は、本書でいうメリトクラシーと等しい。身分や家柄でなく、個人の能力と努力で人生が切り拓かれていくような社会をつくろうというのがメリトクラシーの夢である。それ自体は望ましいことだ、と筆者は思う。しかし、それのみが突出し、残りの3つの理想が非常に肩身の狭い思いをしているのが、今日の学校の姿である。学校は、能力の指標としての業績（メリット、具体的には学力や学歴）を競い合う場としてもっぱら存在している。だれもが等しく学べ（平等主義）、さまざまな人々が混ざり合い（統合主義）、一人ひとりが大切にされる社会をつくりあげていく（民主主義）という他の理想は、きわめて部分的にしか達成されていない。その適正なバランスを回復しなければならないのである。

4つの夢をいずれも高水準で実現しうるような社会をつくり上げるのが公教育の役割である。そしてその重要な課題は、アミタリアンの育成を通じてこそ達成可能となる。これが、本書の結論である。

注

(1)「アミタリアン」という用語は、そもそもは大阪大学人間科学部卒業生の池上宏之氏の造語である。筆者は、池上氏の了解のもとに、その用語について志水（2020）において自分なりのアイディアを展開した。本書での記述は、それに続くものである。

(2) この図は、池上氏の未公刊論文「アミタリアン・アミタリアニズム試論」から借用したものである。転載を許可してくれた池上氏に、改めて感謝の意を表したい。

(3) 7章で述べたように、大阪の公立高校には「自立支援生枠」というものがある。この高校も、その枠をもつ学校のひとつである。

(4) 共生の原理を体現しているのは、何も松原市の学校にかぎったことではない。『みんなの学校』というドキュメンタリー映画で脚光を集めた大阪市立大空小学校も、同様の教育のあり方が注目されている学校である（木村 2019）。

参考文献

明石工業高等専門学校　2020　『令和2年度学校要覧』
赤羽良一　2011　「工学教育の系譜を辿る――高等中学校専門学部から高等専門学校へ」、『群馬高専レビュー』第29号、27－36頁
安彦忠彦　2019　『私教育再生――すべての大人にできること』放送大学叢書
天野郁夫　1992　『学歴の社会史――教育と日本の近代』新潮選書
市川昭午　1995　『臨教審以後の教育政策』教育開発研究所
市川昭午　2006　『教育の私事化と公教育の解体――義務教育と私学教育』教育開発研究所
大桃敏行・背戸博史[編]　2020　『日本型公教育の再検討――自由、保障、責任から考える』岩波書店
大阪府学校教育審議会　2005　『大阪府立高等学校の通学区域(学区)のあり方について』
大多和直樹　2014　『高校生文化の社会学――生徒と学校の関係はどう変容したか』有信堂
大脇康弘　1994　「戦後高校教育の歴史－1945年～1990年」、『大阪教育大学教育学論集』第23号、43－65頁
小川正人[編]　2009　『検証教育改革――品川区の学校選択制・学校評価・学力定着度調査・小中一貫教育・市民科』教育出版
小木曽昌子　2015　『小学校お受験合格バイブル――第一希望合格率91・6％の実績』パブラボ
加藤潤　2011　「教育における市場性と公共性に関する考察――市場原理は多様なアイデンティティを実現するか?」、『名古屋外国語大学外国語学部紀要』第40巻、45－65頁
加納美紀　2007　『親子でお受験を成功させる本塾なし、コネなし、保育園からでも合格できた!』主婦と生活社
W．K．カミングス　1981　『ニッポンの学校――観察してわかったその優秀性』(友田泰正訳、原著1980)、サイマル出版会
萱原昌二　2006　『戦後高校教育史――全国高等学校長協会の歩みより』学事出版

苅谷剛彦　1991　『学校・職業・選抜の社会学――高卒就職の日本的メカニズム』東京大学出版会
苅谷剛彦　2001　『階層化日本と教育危機――不平等再生産から意欲格差社会』有信堂
苅谷剛彦・志水宏吉・諸田裕子・清水睦美　2002　『調査報告「学力低下」の実態』岩波ブックレット
河合敦　2013　『都立中高一貫校10校の真実』幻冬舎新書
川口俊明［編著］　2019a　『日本と世界の学力格差――国内・国際学力調査の統計分析から』志水宏吉監修、明石書店
川口俊明　2019b　「学力格差の拡大・縮小に関する分析」、川口編著、志水監修『日本と世界の学力格差』105－132頁
川口俊明　2020　『全国学力テストはなぜ失敗したのか――学力調査を科学する』岩波書店
木村泰子　2019　『「ふつうの子」なんて、どこにもいない』家の光協会
国立高等専門学校機構　2020　「KOSEN：National Institute of Technology」
小針誠　2009　『〈お受験〉の社会史――都市新中間層と私立小学校』世織書房
齋藤純一　2000　『公共性』岩波書店
坂野慎二　2003　「中高一貫教育の全国的動向」、『教育制度学研究』第10号、276－284頁
阪本忠一　1972　「高等学校通学区域制度変動過程の考察――小学区制下における民衆の適応行為形態を中心に」、『教育社会学研究』第27巻、92－104頁
佐藤仁・北野秋男［編］　2021　『世界のテスト・ガバナンス――日本の学力テストの行く末を探る』東信堂
佐貫浩　2010　『品川の学校で何が起こっているのか――学校選択制・小中一貫校・教育改革フロンティアの実像』花伝社
滋賀県教育委員会　2017　『県立普通科高等学校通学区域全県一区制度の検証』
志水宏吉　1994　『変わりゆくイギリスの学校』東洋館出版社

志水宏吉　2003　『公立小学校の挑戦――「力のある学校」とはなにか』岩波ブックレット
志水宏吉［編著］　2008a　『高校を生きるニューカマー――大阪府立高校にみる教育支援』明石書店
志水宏吉　2008b　『公立学校の底力』ちくま新書
志水宏吉［編］　2009a　『「力のある学校」の探究』大阪大学出版会
志水宏吉　2009b　『全国学力テスト――その功罪を問う』岩波ブックレット
志水宏吉　2009c　「階層差を克服する学校効果――『効果のある学校』論からの分析」、ベネッセ教育研究開発センター『教育格差の発生・解消に関する調査研究報告書』89－102頁
志水宏吉　2012a　『検証 大阪の教育改革――いま、何が起こっているのか』岩波ブックレット
志水宏吉　2012b　「英国労働党政権下の学力向上策――新自由主義のフロントランナーとして」、志水・鈴木編著『学力政策の比較社会学 国際編』明石書店、28－53頁
志水宏吉　2020　『学力格差を克服する』ちくま新書
志水・茨木市教育委員会　2014　『「一人も見捨てへん」教育――すべての子どもの学力向上に挑む』東洋館出版社
志水宏吉・島善信［編著］　2019　『未来を創る人権教育――大阪・松原発 学校と地域をつなぐ実践』明石書店
志水宏吉・鈴木勇［編著］　2012　『学力政策の比較社会学 国際編――PISAは各国に何をもたらしたか』明石書店
志水宏吉・高田一宏［編著］　2012　『学力政策の比較社会学 国内編――全国学力テストは都道府県に何をもたらしたか』明石書店
志水宏吉・高田一宏［編著］　2016　『マインド・ザ・ギャップ！――現代日本の学力格差とその克服』大阪大学出版会
志水宏吉・徳田耕造　1991　『よみがえれ公立中学――尼崎市立「南」中学校のエスノグラフィー』有信堂
志水宏吉・山田哲也［編］　2015　『学力格差是正策の国際比較』岩波書店
A．シュライヒャー　2019　『教育のワールドクラス――21世紀の学校システムをつくる』（鈴木寛他訳、原著2018）、

明石書店
L．J．ショッパ 2005『日本の教育政策過程――1970～80年代教育改革の政治システム』（小川正人監訳、原著1991）、三省堂
末木佐知 2004『お受験するか、しないか決断できる本』戎光祥出版
助川晃洋 2017「『確かな学力』を育成する方法としての小中一貫教育の可能性」、『国士舘大学教育学論叢』第34号、185-197頁
世取山洋介 2008「新自由主義教育政策を基礎づける理論の展開とその全体像」、佐貫浩・世取山洋介編『新自由主義教育政策』大月書店
園山大祐［編著］ 2012『学校選択のパラドックス――フランス学区制と教育の公正』勁草書房
園山大祐 2019「世界を通してみるがんばる教師たち」、ハヤシザキ・園山・シム編著、志水宏吉監修『世界のしんどい学校――東アジアとヨーロッパにみる学力格差』明石書店、299-321頁
滝沢潤 2016「大阪市教育委員会における『熟議「学校選択制」』の検討――『教育の民意』の形成における熟議の可能性」、『日本教育行政学会年報』創設50周年記念号、105-111頁
武石典史 2014「なぜ学校選択制を廃止・見直したのか――前橋市・江東区の事例から」、『新見公立大学紀要』第35号、178-185頁
垂見裕子 2019「階層による学校間格差の国際比較――学力・職業観・学習姿勢・学習習慣」、川口編著、志水監修『日本と世界の学力格差』84-104頁
R．P．ドーア 1978『学歴社会――新しい文明病』（松居弘道訳、原著1976）、岩波現代選書
中澤渉 2014『なぜ日本の公教育費は少ないのか――教育の公的役割を問いなおす』勁草書房
中西啓喜 2017『学力格差拡大の社会学的研究――小中学生への追跡的学力調査結果が示すもの』東信堂
鍋島祥郎 2003『効果のある学校――学力不平等を乗り越える教育』部落解放人権研究所

成松美枝　2010『米国都市学区における学校選択制の発展と限界――ウィスコンシン州ミルウォーキー市学区を事例に』渓水社

西川信廣　2017「教育課程編成の学校裁量権拡大の意義と課題――義務教育学校、小中一貫型小・中学校の制度化の意味」、『京都産業大学教職研究紀要』第12号、1－12頁

西本憲弘　1996「高校教育改革の潮流」、耳塚寛明・樋田大二郎編『多様化と個性化の潮流をさぐる――高校教育改革の比較教育社会学』学事出版、14－28頁

日本学術会議「排除・包摂と教育」分科会　2020『提言　すべての人に無償の普通教育を――多様な市民の教育システムへの包摂に向けて』

日本教育社会学会［編］　2018『教育社会学事典』丸善出版

橋本健二　2009『「格差」の戦後史――階級社会　日本の履歴書』河出ブックス

ハヤシザキカズヒコ・園山大祐・シム チュン・キャット［編著］　2019　志水宏吉監修『世界のしんどい学校――東アジアとヨーロッパにみる学力格差是正の取り組み』明石書店

葉柳正　1976「高等専門学校教師の生態」、『教育社会学研究』第31集、95－105頁

樋口修資　2016「教育政策論からみる『義務教育学校』制度化への批判的考察」、『明星大学教育学部研究紀要』第6号、1－17頁

広田照幸　2009『格差・秩序不安と教育』世織書房

福澤晃典　2013『名門小学校に合格する「教え方」教えます』アスペクト

藤井佐知子　1998「中高一貫教育に関する一考察」、『教育制度学研究』第5号、50－61頁

藤田英典　2014『安倍「教育改革」はなぜ問題か』岩波書店

P．ブラウン　2005「文化資本と社会的排除――教育・雇用・労働市場における総合制への再編成の効果」、A．H．ハルゼー他『教育社会学――第三のソリューション』（住田正樹他訳、原著1997）、九州大学出版会

P. ブルデュー　1990　『ディスタンクシオン——社会的判断力批判』（石井洋二郎訳、原著1979）、藤原書店
プレジデントファミリー編集部　2018　『日本一わかりやすい小学校受験大百科2018完全保存版』プレジデント社
ベネッセ教育研究開発センター　2009　『第3回子育て生活基本調査（幼児版）』㈱ベネッセコーポレーション　ベネッセ教育研究開発センター
ベネッセ教育研究開発センター　2013　『中学受験に関する調査2012』ベネッセ教育総合研究所
ベネッセ教育研究開発センター・お茶の水女子大学共同研究　2009　『教育格差の発生・解消に関する調査研究報告書』ベネッセコーポレーション
ベネッセ教育総合研究所　2017　『学校外教育活動に関する調査2017』㈱ベネッセホールディングス　ベネッセ教育総合研究所
堀有喜衣　2002　「高校生とフリーター」、小杉礼子編『自由の代償　フリーター——現代若者の就業意識と行動』日本労働研究機構
松岡亮二　2019　『教育格差——階層・地域・学歴』ちくま新書
丸山哲央・谷口茂・倉橋重史・大西正曹　1979　「高等専門学校制度の社会学的研究——高専卒業者の意識調査を中心に」、『金城学院大学論集』第22号、19-50頁
三上和夫・野崎洋司　1998　「高校通学区制度に関する研究」、『神戸大学発達科学部研究紀要』第6巻第1号、77-94頁
嶺井正也　2010　『転換点にきた学校選択制』八月書館
嶺井正也・中川登志夫［編著］　2005　『選ばれる学校・選ばれない学校——公立小・中学校の学校選択制は今』八月書館
嶺井正也・中川登志夫　2007　『学校選択と教育バウチャー——教育格差と公立小・中学校の行方』八月書館
宮寺晃夫　2006　『教育の分配論——公正な能力開発とは何か』勁草書房
宮寺晃夫　2011　「『教育機会の平等』の復権」、宮寺晃夫編『再検討　教育機会の平等』岩波書店

望月由起　２０１１『現代日本の私立小学校受験――ペアレントクラシーに基づく教育選抜の現状』学術出版会
盛満弥生　２０１１「学校における貧困の表れとその不可視化―生活保護世帯出身生徒の学校生活を事例に」、『教育社会学研究』第88集、２７３―２９４頁
文部科学省　２００８『小・中学校における学校選択制等の実施状況について』
八代尚宏　２０１１『新自由主義の復権――日本経済はなぜ停滞しているのか』中公新書
柳下福蔵　２０１３「高等専門学校設立の狙いとその後の発展」、『工学教育』第61巻第1号、11―14頁
山岸顕司　２０１５『慶應幼稚舎・早実初等部・筑波小学校に合格する子育て――小学校受験は「お家での過ごし方」で決まる！』現代書林
山田哲也　２０１５「学力格差是正策の現状と課題」、志水・山田編『学力格差是正策の国際比較』岩波書店、２１３―２３１頁
山本由美　２０１９『小中一貫・学校統廃合を止める――市民が学校を守った』新日本出版社
山本由美・藤本文朗・佐貫浩　２０１６『「小中一貫」で学校が消える』新日本出版社
M．ヤング　１９８２『メリトクラシー』（窪田鎮夫他訳、原著１９５８）、至誠堂選書
横山敏・大坪正一　１９８１「高等学校通学区域再編と住民の教育要求――山形県北村山地区の事例」、『教育社会学研究』第36集、87―１００頁
D．ラバリー　２０００「脱出不能――公共財としての公教育」、藤田英典・志水宏吉編『変動社会のなかの教育・知識・権力――問題としての教育改革・教師・学校文化』新曜社、１１０―１３８頁
T．ルックマン　１９７６『見えない宗教――現代宗教社会学入門』（赤池憲昭訳、原著１９６７）ヨルダン社
T．ローレン　１９８８『日本の高校――成功と代償』（友田泰正訳、原著１９８３年）、サイマル出版会
Lareau, A. 2011 "*Unequal Childfoods* : Class, Race and Family Life, University of California Press.

Reay, D. 2017 "*Miseducation* : Inequality, education and the working classes", Policy Press.

Whitty, G. 1990, "*The New Right and the National Curriculum*", in Flude M. & Hammer, M. (eds.), The Education Reform Act 1988, Falmer Press.

あとがき

地下鉄丸ノ内線本郷三丁目の改札を出て右に曲がり、本郷通りを北に向かって歩く。交差点のところに「本郷もかねやすまでは江戸の内」というプレートがかかっている。かねやすは江戸時代からさかえた小間物屋。今も店はあるが、シャッターは下りている。そこから歩いてさらに数分。赤門に着く。

学生時代に通い慣れたこの道。私が学んだ東京大学教育学部は、赤門を入ってすぐ左側にある。しかしながら現在は、赤門は閉ざされたままである。新型コロナウイルスの影響で、東京大学は入構者を厳密にコントロールしているからである。駅から赤門に行くまでにあるほとんどの店は変わってしまった。残っていてうれしく感じられたのは、昔よく行った飲み屋「加賀屋」と喫茶店「ボンアート」である。

私は現在、東大のゲストハウスに滞在している。数カ月のサバティカル（研究休暇）をいただいただくことができたからである。私が東京にいる間に、大阪府のコロナ感染者が東京都のそれを上回るという事態が生じている。間もなく東京・大阪・兵庫・京都の4都府県に緊急事態宣言が発出される運びとなるようだ（2021年4月中旬現在）。

この本は、新型コロナウイルスの感染拡大が始まってから書いた、3冊目の本となる。最初は2020年夏に出した『学力格差を克服する』（ちくま新書）、2番目は同年の冬に出した『教師の底力』（学事出版）、そしてこの本を2021年夏に出すことになった。

私は、できるだけわかりやすく書くということをモットーとしてきた。それぞれの本のテーマは関連性も強いため、「どれも同じようなことが書かれているな」と思われる読者もおられるかもしれない。否定はしない。世の中、大事なことはそう多くないから。

ただし、それぞれの本の位置づけは、筆者の私からするとそれなりに異なっている。第1の本（『学力格差を克服する』）は、2000年あたりから続けてきた「学力格差」についての調査研究の総まとめを志したものである。新書という媒体であったが、研究者の（アカデミックな）関心にも応えうる内容にしたつもりである。逆に、第2の本（『教師の底力』）は、研究者としての関心からではなく、教育という現象に大学教員としてコミットしてきた実践者としてのスタンスから書いた。具体的には、公立学校の現場でがんばっている教師たち、およびそれに続く人たちにエールを送るつもりで書いた。

そこでひと段落というつもりだったのだが、第2の本を書き終えた段階で、フリーの編集者木村隆司氏との約束を改めて思い出した。木村氏は、『「つながり格差」が学力格差を生む』(亜紀書房、2014年)を書いた際にお世話になった編集者で、「次には『学校の二極化』をテーマにした本をつくりましょうね」と声をかけていただいていた。しかしその後、私の身辺にさまざまな事が生じ、その約束を果たせないでいたのであった。おそるおそる「あの話はまだ生きてますか」と聞いてみたところ、「まだ大丈夫」というお返事。そこで、つくられたのが本書である。「つながり格差」の続編と考えていただいてよい。この出版の機会を与えてくれた木村氏、そして亜紀書房の関係者の方々にこの場を借りて厚くお礼を申し上げたい。

まとめにあたるⅢ部の2つの章を、この東京の地で書いた。私が東大の「進学振り分け制度」というものを通じて教育学部教育社会学コースというところに進学してから、早くも40年以上の歳月が経過したことになる。光陰矢の如し、私の実感でもある。

こちらへ来てから毎朝、上野の不忍池周辺をジョギングしている。たっぷり時間があるので、午後や夕方に本郷・湯島・根津・谷中・千駄木といった町々を歩き回っている。東京には緑が多く、古いものもたくさん残っているということを再発見する日々である。あのころ抱いた志を、還暦を過ぎた自分はどのくらい達成することができたのだろうか。少しはできたような気もするときもあれば、まだまだだなと感じるときもある。

「学校教育の力で社会をよくしたい」という思いで、教育社会学者としての道をすすんできた。30代前半にイギリスで生活する経験を得、かの地の教育が劇的に変化する様を目の当たりにした。そのころ新自由主義と新保守主義に揺れるイギリスの教育界は、はっきりいって「対岸の火事」に思えた。しかし、2000年代に入り、火事がこちら側にも間違いなく広がりつつある。ただ、Ⅱ部の各章を書きながらしばしば感じたことだが、日本の火事はそれほど大きく燃え広がらずにすんでいる。

現代の教育社会学では、「教育は決して万能ではない」「学校にできることは限られている」という論調が支配的である。それは、教育社会学を除く教育諸学が教育の力を楽観主義的に把握してきたことへのアンチテーゼであるという側面が強い。しかし私はあえていいたい。「もちろん教育は万能ではありえない。しかし、教育・学校にはかなりのことができるのではないか。それに賭けたい」と。

グローバル化の進展のもとで資本主義的秩序はますます強化されつつある。日本においてもペアレントクラシーへの趨勢はどんどんすすみつつある。そして教育社会学が教えるように、「教育は社会構造・社会的不平等の再生産」の機能を確かに果たしている。しかし、そこで話が終わったらつまらない。私たちが求めるのは、よりましな資本主義社会である。本書で提案したアミタリアンを育成することを通じて、ベターな社会をつくりたい。人間がつくり出す社会のひずみは、やはり人間の力で是正していくほかはないのである。本書はそのような社会観・教育観のもとで書かれた。

２０２１年春　東京本郷にて　志水宏吉

[著者紹介]
志水宏吉（しみず・こうきち）
1959年兵庫県生まれ。東京大学大学院教育学研究科博士課程修了（教育学博士）。東京大学教育学部助教授を経て、現在、大阪大学大学院人間科学研究科教授。専攻は、学校臨床学、教育社会学。『学校にできること』（角川選書）、『変わりゆくイギリスの学校』（東洋館出版社）、『学校文化の比較社会学』（東京大学出版会）、『検証 大阪の教育改革』（岩波ブックレット）、『「つながり格差」が学力格差を生む』（亜紀書房）、『学力を育てる』（岩波新書）、『学力格差を克服する』（ちくま新書）他、著書多数。

二極化《にきょくか》する学校《がっこう》
公立校の「格差」に向き合う

2021年9月5日　第1版第1刷　発行

著者　志水宏吉
発行者　株式会社亜紀書房
〒101-0051
東京都千代田区神田神保町1-32
電話03（5280）0261
https://www.akishobo.com
振替 00100-9-144037
装丁　金井久幸＋藤 星夏［TwoThree］
印刷・製本　株式会社トライ
https://www.try-sky.com

Printed in Japan
ISBN978-4-7505-1708-7 C0037